한 장의 페리

매일을 성실하게 저장하는 일에 관심이 많다. 아주 얇은 한 겹이 무수히 쌓여 끝끝내 완성되는 페이스트리처럼, 매일 한 장씩 축적되는 얇은 힘과 노력을 낙관하며 살아간다. 단번에 큰일을 척척 해내는 타입이라기보다는, 천천히 공을 들여 잘 해내는 스타일이다. 매일 꾸준히 할 수 있는 일들에 최선을 다한다. 유튜브 채널 '한 장의 페리'와 글 메일링 서비스 〈한 장의 생각〉을 운영 중이다.

instagram @p.s.pery

* 이 책은 작가가 운영하는 글 메일링 서비스
〈한 장의 생각〉에 연재된 글 중 일부를 골라 엮은 것입니다.

design **형태와내용사이**

행운은 작고 조용하게

행운은 작고 조용하게   한 장의 페리 필사집

한 장의 페리 지음

리틀프레스

Prologue

어떤 강인함은 연약의 축적이다. 얇은 것들이 오래 쌓이면, 아주 날카로운 송곳으로도 함부로 뚫을 수 없는 단단한 무언가가 된다. 아무리 작고 연약한 하나라도, 한 장 한 장을 결코 무시할 수 없는 이유다. 한 장의 얇은 반죽들이 겹겹이 쌓여 하나의 빵이 되는 페이스트리처럼, 이 책은 내가 꾸준히 기록하지 않았다면 남지 않았을 한 장들을 뭉쳐 만든 세계다.

페이스트리. 내 삶은 의외의 타이밍에 훅 부풀기도 하는 식빵이 아니라, 한 겹 한 겹 착실히 쌓아야 비로소 완성되는 페이스트리라는 것을 나는 어려서부터 일찍이 알았다. 요행 따위는 존재하지 않는 삶. 처음부터 끝까지 다 내 손으로 직접 쌓아야 완성되는 인생. 그게 마음에 쏙 들지 않을 때도 왕왕 있었지만, 돌이켜 보면 '페이스트리'라는 말은 내게 늘 낙관이고 희망이었다. 이 하루하루가 무엇이 되고 있는지는 모르겠지만, 무의미하지는 않다는 것. 그게 매번 막막한 현재를 그나마 조금 덜 막막하게 해 주었다. '하루하루 착실히 모아 가자. 무언가가 되고 있어. 쌓이고 있어.' 그 얇고 작은 축적들을 스스로 응원하고 축복하며 지금 여기까지 왔다.

지난 세월, 한 장의 축적과 낙관도 내게 분명 눈부셨지만, 나를 계속 쓰게 만들어 준 누군가의 믿음은 그보다 훨씬 더 소중하고 근사했다. 내가 한 장을 쓰고 또 그다음 장을 쓸 때, 누군가 한 명은 반드시 나를 믿어 줬기 때문이다. 열 명도 아니다. 한 번에 꼭 하나. 모두 서로 다른 한 명이었다. 나는 지난 3년간, 한 장의 힘과 더불어 단 한 사람의 힘. 그 어마어마함을 배웠다. 그러니까 이 필사책은 지금까지 만난 내 꿈의 은인들, 그 한 사람 한 사람이 보태 준 믿음으로 만들어진 책이기도 하다. 어디선가 나를 알아봐 주시고, 기꺼이 읽어 주신 모든 분께 진심으로 감사하다는 말을 여기서도 꼭 전하고 싶다. 덕분에 지금, 이 글도 쓰고 있다고.

처음부터 커다란 것은 아무것도 없다. 꽃잎도 한 장, 나뭇잎도 한 장이다. 이 어마어마한 세계도 아주 작은 한 장부터 시작했다. 그 한 장들이 모여서 이렇게나 아름다운 세상을 이뤘다. 얇지만 반드시 완성되는 세계. 페이스트리처럼. 2022년 10월부터 2024년 11월까지, 지난 3년간 쓰고 내보냈던 〈한 장의 생각〉 원고들을 다시 모으고 추리고 골라서 이번 필사책을 완성했다. 이 축적들이 언젠가 꼭 책이 되기를 기대하고 쌓은 것은 아니지만, 그래도 글을 쓰는 사람으로서 내 세월이 완성한 가장 첫 번째 페이스트리가 책이어서 무척 기쁘다. 이제는 이 책을 만난 사람들의 인생이 한 장씩 더 기뻐지고 나아지면 좋겠다.

나는 여전히 아주 얇은 것들이 오래 뭉쳐서 이뤄 내는 밀도의 훌륭함을 믿는다. 당신도 언젠가 꼭 나만큼 믿게 되면 좋겠다.

한 장 한 장, 우리가 반드시 더 좋은 다음으로 가길.

2025년 7월
한 장의 페리

Contents

PART 1.
응원 : 당신은 천천히 좋게 변할 거예요

내가 멋지다는 감각 그게 태양의 시작이었어	14
케이크의 소원	16
나의 인간에게, 달 드림	18
수호신 인사이드	20
과거	22
현재	24
미래	26
모든 것을 즐겁게 생각하며, 봄	28
커피 한 잔의 꽃말	30
안정화 작업	32
잔디의 꽃말	34
당신의 머리맡으로 보내는 밤의 쪽지	36
당신이라는 점 하나	38
훌륭하고 부드러운 두부	40
지금의 나, 지나에게	42
매실의 시대	44
1초 동안 할 수 있는 일	48
모든 일은 형용사의 문제	50
흔들리자는 고백	54
귤과 고구마의 편지	56
모든 것들의 단위	58
멈추지 않으면 생기는 일	60
별을 발견하지 못한 밤은 별로일 때가 많지	62

새싹	64
희망	66
틈을 기회라고 읽는 존재	68
나만 아는 먼 곳	72
운명의 운명	74

PART 2.
사랑 : 우리는 너무 아름다운 확률로 서로를 만났으니까

내 영혼의 두 번째 보금자리	78
우린 매일 서로의 일부가 되니까	80
생일	82
흘러가는 여름과 보내는 여름	84
줄어들지 않는 말	86
가장 잘 알고 싶은 세 사람	88
계절의 꽃말	90
감기의 꽃말	92
당신의 밑줄을 나에게 들켰으면 좋겠다	94
눈, 사람이니까	96
사랑할 윤	100
온 우주보다도 더 크게 영원보다도 더 멀리	102
사랑을 쓰듯 우산을 써	104
너를 위한 세상을 만들게	106
나는 너를 만나 숲이 되고 싶었던 것 같다	110
이 사랑은 우주와 연결되어 있다	112

계속 잊어버려서 계속 자라나는 숲	116
당신의 그 모든 외로운 땅에서 나를 발견하기를	118
내 손도 잡아	120
사랑할수록 사라지는 피부	122
솜사탕	126
나무	128
여행	130
비밀번호	132
오늘 하루도 파이팅	134
부푸는 약속	136
좋아해	138
최고의 아이스크림	140
고백	144
실제의 행복	146
사랑해	148
여름을 사랑이라고 읽으면	150
반갑습니다	152
노트의 꽃말	154
기적의 시작	156
1의 확률로 갈게, 언제나	158
미래를 건드리는 손	162

PART 3.
나 : 우린 모두 은의 씨앗이에요

나의 작은 편린들을 떠올리는 밤입니다	168
정오의 바람에선 다시 어린 봄 냄새가 납니다	170
내가 파랑하는 것들의 목록이에요	172
부끄럽지 않은 꼴찌	174
이름은 금성, 꽃말은 등대	176
카레의 꽃말	178
소금의 꽃말	180
피망의 꽃말	182
뿌리채소의 꽃말	184
최선을 다하겠습니다	186
무화과과 화가	188
곧 목격하게 될 말들의 목록	190
씨앗의 시간	192
용기와 용기	194
축적과 축적	196
지금 지금 지금	198
세컨드 플래너	200
풍선	202
나다운 것	204
변곡점	206
그믐달	208
흙과 용의 초능력	210
소유한 가능과 가능한 소유	212
봄	214
얼음 커피	216

파원	218
바나나	220
절전	222
고무줄	224
새 방향	226
미래라고 부르는 두 번째 해	228
태양이 작아지는 순간	230
허공을 견디는 나무	232
반드시 일어날 사건	234
발견	236
숨은 빨강 찾기	238
두 번째 해	240
바다	242

PART 4.
지혜 : 모두가 도토리에서 참나무를 보는 건 아니니까

걷기에 낭비하는 인생은 사랑스러워	246
내 마음가짐이 되는 문장들	248
내 하루가 저 음악이 될 때까지	250
있어야 할 곳에 있지 않은 것	252
옷의 역할	254
나의 이상형	256
핵심	258
99의 꽃말	260

낙서 없는 벽과 흔적 없는 마음	262
미지근한 물이 몸에 좋은 이유	264
바쁘게 쏘는 것, 열심히 쏘는 것, 똑똑하게 쏘는 것	266
변곡점이 생기는 지점들의 목록	268
아무도 보석인 줄 모르는 보석	270
설탕 같은 지점들	274
민트	276
돌멩이	278
정지	280
향수	282
멸치의 작음	284
양파	288
우유	290
할머니	292
시간을 내 편으로 만드는 방법	294
점	296
응답	298
가위바위보	300
행운	302
여름 지나 마음	304
천천히 아주 천천히	306
천국의 계단	308
공터	310

PART 1.   응원 :

당신은 천천히 좋게 변할 거예요

§ 1

언니의 모든 무용과 소용을 공평하게 응원해. 우린 매 순간 정답이야. 그것만이 겨우 믿을 만한 사실이야.

「내가 멋지다는 감각 그게 태양의 시작이었어」 (2022 늦가을호)

2

당신 주위를 좀 둘러보세요. 얼마나 많은 존재가 당신을 위해 움직이고 있습니까. 가끔은 어둠의 편안을 누리세요.

「케이크의 소원」 (2022 겨울호)

○ 3

자주 연약한 눈빛을 하고 나를 만나러 오지만, 나는 당신이 강하고 특별하다는 걸 알아요. 매일 밤 나는, 당신만을 아주 특별하게 내려다보고 있습니다. 내 우주는 온통 당신의 편이라는 걸 잊지 마세요.

「나의 인간에게, 달 드림」 (2022 겨울호)

4

나는 늘 당신과 동행하고 있어요. 당신을 힘들게 하는 사람들과 상황들을 마주치더라도, 어디선가 그런 당신을 구해 주기 위해 열심히 애쓰고 있을 나를 떠올려 주세요. 당신이 나를 잊는 순간에도, 나는 언제 어디서, 어떤 방식으로든 내 몫의 힘과 응원이 닿게 하겠습니다. 당신은 나를 잊어도, 나는 당신을 잊지 않아요. 당신의 삶 그 모든 곳에 있겠습니다.

「수호신 인사이드」 (2022 겨울호)

우리의 수호신들은 매일 다른 모습으로 우리 곁에 머물고 있을 것이다. 가족의 얼굴로, 친구의 얼굴로, 당신이 처음 듣는 음악이나 맛있는 커피, 혹은 멋진 하늘로 나타나 생각지도 못한 모습으로 우리를 열심히 구하고 있을 것이다.

5

안녕, 나는 당신의 과거입니다. 지난날 우리가 함께 고생한 덕을 요즘 좀 보고 있나요? 아님, 내가 여전히 당신의 발목을 잡고 있습니까. 될 수 있는 한 나를 자주 뒤돌아보지 마십시오. 돌이킬 수 없는 것들을 돌보지 마시고, 그냥 지금의 자신만 부지런히 돌보세요. 나는 외롭지 않습니다. 슬프지도 않아요. 나는 그저 이대로 완성되었습니다. 가끔 실망하긴 해도, 많이 후회하진 않았으면 좋겠습니다. 괜히 서글퍼지지도 말고요. 차라리 나를 많이 잊고 사세요. 내가 당신을 진심으로 응원한다는 사실만 가끔 기억하면서 지냈으면 좋겠습니다. 나에게 얽매여 무거워지지 말고, 당당하게 가슴 펴고 잘 사세요.

「과거」 (2022 겨울호)

6

안녕, 나는 당신의 현재입니다. 우리는 매번 새로워질 수 있습니다. 몸을 움직이고, 마음을 움직여 보세요. 아무 의미 없이 사라지는 움직임은 없습니다. 당신은 모든 순간 유효하고 유용합니다.

「현재」(2022 겨울호)

⑦

안녕, 나는 당신의 미래입니다. 내가 있는 이곳은 어마어마한 가능태 속입니다. 당신이 짐작할 수 있는 건 아무것도 없어요. 여기는 모든 문이 그저 활짝 열려 있습니다. 예측이 부질없지요. 그러니 이런저런 계산 말고 그냥 열심히 즐겁게 달려오십시오. 속도는 중요하지 않습니다. 그냥 매 순간 가장 멋진 문을 두드리며 건너오세요.

「미래」(2022 겨울호)

| 8 |

욕심내지 말고, 한 걸음씩 즐겁게 걸읍시다. 얼마나 멋진 봄입니까. 얼마나 우리를 돕는 봄입니까. 오늘은 좋은 하늘을 보고, 싱싱한 열매를 따 먹으며, 이 멋진 봄을 내 안에 천천히 들여 보셨으면 좋겠습니다.

「모든 것을 즐겁게 생각하며, 봄」 (2023 3월호)

겨울을 이긴 열매들을 따 먹고, 겨울을 이긴 바람을 맞고, 겨울을 이겨낸 땅을 밟는 봄. 이 승리의 기운을 많이 먹고, 마시고, 만지고, 실컷 바라본다. 나의 또 다른 승리들을 위하여.

9

커피 한 잔. 이건 네가 새카맣게 고생했으면 하고 보내는 게 아니야. 너도 이 원두처럼 멋진 한 잔이 될 거라고, 네 고생에서도 이렇게 좋은 향기가 난다고. 내가 제일 많이 알려 주고 싶어서 보내는 거야. 이 기특한 사실을 음미하면서, 오늘도 네가 하루를 멋지게 해내면 좋겠어. 우리의 땀방울도 여기 한 잔 가득 모이면, 또 다른 누군가를 으쌰으쌰 일으켜 주기도 한다는 것을 꼭 기억하자. 너와 닮은 것을 보내면서, 나는 너를 한 번 더 생각해. 어디선가 열심의 향기를 진하게 풍기고 있을 너를 떠올려. 하지만 이 뜨거운 원두를 닮아간답시고, 다 타서 쓴맛이 날 때까지 새카매지진 마. 오늘은 기분 좋게 맛있는 커피 한 잔, 딱 그 정도만 되어 줘. 그게 내가 보낸 이 커피 한 잔의 꽃말이야.

「커피 한 잔의 꽃말」 (2023 7월호)

⑩

멋짐의 감각이 가물거릴 때는, 언제든 손을 들고 알려 달라고 해도 돼요. 당신이 잊어버려도, 내가 당신의 멋짐을 기억하고 있으니까. 당신이 잊으면 내가 알려 주고, 내가 잊으면 당신이 알려 주고. 우리의 손은 그렇게 서로 잡히고, 또 잡아 주라고 있는 거잖아요. 안 그래요?

「안정화 작업」 (2023 7월호)

수십 수백 번이라도 다시 알려 줄게, 하는 마음들
언제든 손잡아 줄게, 하는 마음들이
이 세상을 둥글게 둥글게 빚어 왔다는 생각을 한다.
손은 가까운 한 사람을 일으켜 세우면서
동시에 온 세상을 구하고 있다는 생각.
구원이라는 말이 세상에 태어나 자신만의 몸을 가지면,
꼭 손의 모습을 하고 있을 것 같다고 생각했다.
이 두 개의 구원으로 내가 나 하나 못 구할까.
구할 수 있다. 얼마든지.

⑪

'기세'라는 말을 떠올리면, 언제나 푸른 잔디가 떠오릅니다. 여간해서는 기세가 꺾이지 않는 아이. 밟히고 깎일수록 기세가 더 등등해지는 아이. 잔디에게는 '내답압성'이란 성질이 있기 때문입니다. 사전에는 '내답압성'이 이렇게 정의되어 있습니다. "보리밭 따위의 농경지가 답압에 대해 고유의 성질을 유지하려는 성질". 잔디는 항상 우리 발밑에 깔려 있지만, 발밑에 있다는 이유만으로 함부로 찌그러지지 않습니다. 금방 자기 자신으로 돌아올 줄 알아요. 잔디의 내력은 외벽을 밀치며 자라납니다. 외부의 압력을 고스란히 자기 자신의 성장 동력으로 삼는 것이죠. 생각하면 할수록 참 지혜로운 식물인 것 같습니다. 답압. "씨를 파종한 뒤 식물체의 잎이나 줄기를 부러뜨리고 상하게 하는 일." 그런데 이 답압으로 생기는 상처에 아주 강한 성질. 내답압성. 밟히면 밟힐수록 크게 성장하는 아이. 저는 가장 낮은 마음이 될 때마다, 조용히 잔디를 생각합니다.

「잔디의 꽃말」(2023 8월호)

답압의 순간, 잔디와 보리는 상처가 아니라 성장을 택한다.
상승하는 마음은 아무도 꺾을 수 없다.
계속 자라는 마음은 아무도 짓밟을 수 없다.
잔디와 보리에게는 그런 마음이 있는 것이다.
내가 잔디이고 보리인 한, 아무도 나를 망칠 수 없다는 마음이.

고생한 내 등을 누군가 탁탁 쓸어 주면, 오늘 하루가 잘 쓸려 내려가는 기분이 들어요. 매일의 일상에서 그 특별한 손은 대체로 부재하거나 붕 떠 있지만, 당신의 저녁에는 이렇게 쭉 뻗은 나의 손이 닿았으면 좋겠습니다. 오늘도 기특하다. 참 기특하다. 내 손은 그렇게 말하면서 당신의 등을 쓸고 있어요. 그럼 당신의 마음에 걸려 있는 것들 아무렇지 않게 툭툭 털어져 나가고, 편한 속으로 얼른 이 저녁을 베고 누울 수 있을 거예요. 그러다 스르륵 잠으로 툭 떨어지면 좋겠어요. 좋은 꿈이 기다릴 때는 꿈의 길로, 나쁜 꿈이 기다릴 때는 잠의 길로 지혜롭게 잘 떨어지기를 바라요. 좋은 곳에 잘 도착할 때까지 내가 등을 쓸고 있을게요. 눈을 감고. 아무 걱정 없이. 그냥 행복해요.

「당신의 머리맡으로 보내는 밤의 쪽지」 (2023 9월호)

"좋은 밤 되세요." 이 말을 언젠가 꼭 자세히 풀고 싶었다. 인사는 간단해도, 마음은 간단하지 않다는 걸 알려 주고 싶었다. 밤도 딱 한 글자지만, 실은 아주 깊고 길듯이.

13

점은 그림이 되기도 하고, 만지는 언어가 되기도 하고, 마침표가 되기도 하고, 뜻있는 침묵이 되기도 한다. 이 작은 점 하나에도 이렇게 많은 역할이 있고 의미가 있고 가치가 있다. 점 하나. 그게 자꾸만 멋진 존재가 된다. 우리가 이 우주의 아주 작은 점이라는 말은, 실은 어마어마하게 희망적인 말이다. 당신도 나도 사실 아주 큰 희망이라는 말이다. 당신 마음속 작은 점만큼, 이 세상을 멋지게 이뤄 나갈 것은 없다. 그러니 찍자. 아주 작은 한 방울의 나라도. 톡.

「당신이라는 점 하나」 (2023 9월호)

◯ 14

두부는 단단한 것들 중에서 가장 연약하지만, 그 사실에 굴하지 않고 계속 단단해진다. 내가 바라는 단단함은 이런 모습이다. 연약을 차곡차곡 딛고 일어서서, 미약하지만 제 모양과 밀도를 갖추는 것. 세상에서 가장 강한 존재가 되는 것이 아니라, 내가 될 수 있는 나 중에서 가장 강하고 단단한 내가 되는 것. 단단해진다는 것은, 연약한 구석들을 하나도 남겨 놓지 않겠다는 뜻이 아니다. 쉽게 흔들리는 연약으로서도 가장 훌륭해지 겠다는 뜻이다. 나는 그 뜻을 매번 두부를 통해 본다. 내가 아는 두부는 연약하지 않다. 타고난 연약함에 연연하지 않고 자기 자신을 약점이 아니라 강점으로 쓸 줄 아는 존재는 언제나 강하다.

「훌륭하고 부드러운 두부」 (2023 9월호)

단단함은 상대적인 것. 두부는 단단한 것들 중에서 가장 쉽게 부서진다. 두부는 사실 단단함의 응축이 아니라, 연약의 응축이니까. 하지만 두부는 연약함으로 자기 자신을 지킨다. 벽돌이 으깰 수 있음으로 자신을 지킬 때, 두부는 으깨질 수 있음으로 자신을 지킨다. 두부를 만지는 손과 벽돌을 만지는 손은 그 둘의 성질만큼이나 다르다.

15

정말 많은 사람이 작가로 성공하고, 정말 많은 사람이 작가로 실패한다. 정말 많은 사람이 절망해서 포기하고, 정말 많은 사람이 이 악물고 끝까지 간다. 어느 쪽이 지나치게 더 많다고 생각하지 않는다. 양쪽 다 많다. 어떤 이유가 더 많은가의 차이다. 습관처럼 책상 앞에 앉을 이유와 습관처럼 드러누울 이유. 부족한 글이라도 가지고 나갈 이유와 숨을 이유. 목숨까지도 걸 이유와 목숨까지는 걸지 않을 이유. 그런 것들이 세상을 반으로 가른다.

「지금의 나, 지나에게」 (2023 9월호)

지금도 세상은 둘로 나뉘고 있을 것이다. 기꺼이 할 이유가 많은 사람들의 세계와 기꺼이 하지 않을 이유가 많은 사람들의 세계가 조용히 갈라지고 있을 것이다.

16

지금보다 내가 훨씬 설익었을 때 나는 길에서 많이 울었다.
내가 우는 모습은 친구나 가족이 아니라, 남이 제일 많이 봐 줬다.
내 무용함을 견딜 수가 없어서,
이대로는 평소처럼 집으로 돌아갈 수가 없어서,
어떤 계절이든 길을 걸으며 펑펑 폭설처럼 울었다.

가진 것이라고는 해로운 독밖에 없던 시절이었다.
그땐 우는 것밖엔 몰랐다.
많이 울어야 그 독이 다 빠져나가는 줄 알았다.
해독하는 법을 잘 몰랐다.

그 시절의 내가 나는 너무 가엾고 애처롭다.
아무도 내게 매실의 비밀을 가르쳐 주지 않았다.
언젠가 길에서 나처럼 꺽꺽 울고 있는 학생을 만나면
나는 매실의 비밀을 자세히 알려 줄 거다.

이봐요. 매실은 사실 독이 핵심이에요.
당신은 커서 유능한 해독제가 되려고 그러는 거예요.

이 독은 천천히 좋게 변해요.
그러니까 걱정하지 말고 씩씩하게 집에 가요.

「매실의 시대」 (2023 9월호)

내 안에 독이 너무 많을 때, 나는 아직도 내가 덜 익은 매실 같다고 느낀다. 너무 푸르고 단단해서, 그 떫음을 주체하지 못하는 나. 조금만 베어 물어도 치명적인 나. 자기 자신을 유용하게 쓸 줄 모르는 어린 날의 인간. 날것의 매실은 독이라 아무도 찾지 않지만, 매실액이 된 매실은 모두가 찾는다. 유용해졌기 때문에. 독이 많은 매실도, 시간을 잘 견디면 효능 좋은 매실청이 된다. 관건은 시간이다. 시간을 견뎌야 한다. 매실은 빨리 유용해지고 싶다고 유용해질 수 없다. 어린 날의 인간도 마찬가지. 핵심은 시간과 숙성이다. 그러니 욕심 말고 시간을 담아야 한다. 내 안에, 충분하게.

17

만회(挽回)를 만(萬) 회 하자.

기분을, 실수를, 사랑을, 꿈을, 노력을, 잘못을, 슬픔을, 지금을,
모든 것을 만회하자.

1초는 계속 온다. 할 수 있는 일들이 만 개씩,
정면으로 마주 온다.

1초는 만회의 기회이자 만 번의 기회다.

할 수 있다.

「1초 동안 할 수 있는 일」 (2023 11월호)

18

위대한 실패
서늘한 성공
불경한 천국
사랑스러운 지옥
명랑한 좌절
경솔한 극복
황홀한 도망
끔찍한 소망

전체의 의미를 결정하는 것은 명사가 아니라 형용사다.
고로, 상황이 기울어질 때 우리가 해야 하는 일은
형용사를 교체하는 일이다.

지금 어떤 명사를 가졌는지에는 전혀 개의치 말고
가질 수 있는 가장 좋은 수식의 도움을 받는 것.

용감한 변덕
울창한 얼룩
부러운 후회

지혜로운 실수

소중한 한계처럼.

「모든 일은 형용사의 문제」 (2023 11월호)

◯ 19

결정적인 순간에 세상은 늘 흔들려.
지탱은 멋지지만, 흔들림은 환상적이지.
흔들림의 꽃말은 위태가 아니란다.
태동과 탄생이지.

「흔들리자는 고백」 (2023 11월호)

안정과 정지의 관점에서 보면 흔들림은 위태로운 것이지만, 흔들림의 관점에서 정지와 안정은 조용한 멸망과 종말에 가깝다. 둘 중에 진정한 저주란, 영원한 흔들림이 아니라 영원한 정지라고 나는 생각한다. 언제나.

20

네가 고구마라는 이유로 답답해하는 사람보다 네가 고구마라는 이유로 사랑하는 사람이 이 겨울엔 훨씬 많아. 네가 뜨거워도 놓치지 않고 꼭 쥐고 있는 저 손을 좀 봐. 너를 만나려고 곳곳을 기웃거리는 저 마음을 좀 봐. 너는 사실 좋은 생각들이 아주 많아서, 뻑뻑하고 달콤한 거야. 너를 삼키기 힘들어하고 싫어하는 사람들은, 네가 가진 밀도의 황홀함을 소화하기 힘든 사람들일 뿐이야. 너는 그럴수록 더 단단해져야 해. 더 달콤해져야 해. 고구마 너를 미워하는 사람들은 결코 맛볼 수 없는 행복을 네 안에 더 가득 채워야 해. 함부로 물러지거나 싱거워지지 말고, 더 고구마다워지는 것. 그게 바로 네가 할 수 있는, 겨울의 가장 달콤한 복수야!

「귤과 고구마의 편지」 (2023 11월호)

21

기억을 센다.
바나나를 세듯이 한 손. 기억도 바나나도 다 까먹는 것들이니까.

우정을 센다.
바느질처럼 한 땀. 실과 바늘, 우리 둘이 함께 정성을 들여야 하는 거니까.

성장을 센다.
김 백 장을 세듯 한 톳. 적어도 백 장은 열심히 쌓아야 눈에 보이는 거니까.

겁을 센다.
물을 담듯 한 컵. 마시거나 엎지르거나. 그건 우리의 선택이니까.

희망을 센다.
옷을 입듯 한 벌. 낡거나 더러워지거나 작으면 언제든 다시 갈아입으라고.

「모든 것들의 단위」 (2023 11월호)

나의 하루를 센다. 종이를 세듯 한 장. 이 작은 페이지들이 모여서 꼭 한 권의 책이 되기를 바라며.

22

네 삶에 첫 밤이 찾아왔을 때, 너는 말했다.
이 캄캄함은 대체 무슨 의미인지 모르겠어.

아직 잠들지 않은 한밤중의 내가 말했다.

네가 스스로 잘 구르고 있다는 뜻이겠지.
낮과 밤이 생기는 건, 지구가 잘 자전하고 있다는 증거니까.

「멈추지 않으면 생기는 일」 (2024 2월호)

아침과 낮만 있는 하루는 재앙이다. 원치 않아도, 밤이 찾아올 때마다 우리가 이 사실을 반드시 기억해 낼 수 있으면 좋겠다.

23

發見 (쏠 발, 볼 견)

당신이 먼저 큰 빛을 쐈고, 나는 단지 그걸 목격했을 뿐.

남들한텐 별로였던 문장들이
나한텐 별로 읽혔나 보지. 내 눈에는 그게 가장 빛나던걸.

얼마나 다행이야. 별로인 것도 별처럼 바라볼 수 있다는 게.
얼마나 다행이야. 별로인 것도 별처럼 봐 주는 사람이 있다는 게.

「별을 발견하지 못한 밤은 별로일 때가 많지」 (2024 2월호)

발견은 늘 타인으로부터 시작되는 것 같지만, 실은 내가 먼저 시작하는 것이다. 내가 그리로 빛을 쏜 것이다.

오늘은 무럭무럭 크지 못했다.
잠시 크지 못했다고, 키가 줄어드는 건 아니다.

내 힘으로 자란 키는 절대 줄어들지 않는다.
크지 않았다는 말과 실패했다는 말은 다르다.

세상이 참 호락호락하지 않다.
그래도 물러서지 않았다. 그래서 지금 오늘 여기다.

나의 내력과 세상의 외력이 어마어마하게 팽팽할 때,
나는 제자리가 된다.

이것은 패배가 아니다.
치열한 무승부. 막상막하다.

「새싹」 (2024 3월호)

제자리, 라는 말을 조금 더 희망적으로 풀어 보고 싶었다.
그리고 실제로 그것은 아주 희망적인 말이었다.

25

딸. 희망은 공짜다? 희망을 거는 일은 절대 밑지지 않아.
언제나 본전이고 무료야.
그러니 희망을 걸어. 모든 일에 그것을 걸어.

「희망」 (2024 4월호)

26

날이 차가워지면 깨닫는 사실이 하나 있다.
바람은 벽도 뚫을 수 있다는 것.

물과 바람은 아주 작은 틈새로도
자신을 비집어 넣을 수 있는 존재들이라는 사실을
내 피부로 깨닫는 계절.

분명 문을 꼭 닫았는데도
발아래로 희미한 바람이 분다.

바람이 벽을 통과하고 있다.

네가 부딪치고 있는 이 벽엔 가능성이 있구나.
아주 작은 구멍이 있구나.
바람은 자신이 발견한 미세한 가능성을 통과 중이다.

아무리 작은 틈이라도 기회라고 읽는 존재.

글을 쓰는 내내 발은 시리지만,

그래도 매 순간 벽이 아닌 바람의 승리를 빈다.

바람은 중지하지 않고, 멈추지 않고, 멎지 않고
늘 무언가를 하는 중이다.
그래서 바람을 맞으면 나도 중지하는 것을 중지하는 힘이 생긴다.

그는 그렇게 모든 틈을 장악한다.
이것이 희망인지 절망인지 묻지 않음으로써,
멈추지 않음으로써 매 순간을 통과한다.

「틈을 기회라고 읽는 존재」 (2024 11월호)

27

내일은 여기 있어.
너를 기다리는 누군가가 여기 분명 있어.

만나기도 전에 헤어지지 말자.
만난 적도 없으면서 만나 볼 필요 없다고 말하지 말자.

한 번은 꼭 만나야지. 우리.
121월만큼 불가능하더라도. 우리.

도착해 줘. 이 말도 안 되는 세계에.
나의 세상에.

「나만 아는 먼 곳」 (2024 8월호)

이 글의 화자는 '꿈'이다. 나는 네가 쉽게 닿을 수 없는 곳에 있지만, 누구보다 네가 간절히 도착해 주기를 바라는 꿈의 마음을 상상하며 썼다. 나는 영영 믿을 수도 없고, 결코 일어날 수도 없는 일이 아니라, 아직 그 누구도 끝까지 믿어 주지 않은 일일 뿐이라고. 그러니까 네가 끝까지 날 믿어 달라고.

꿈은 매일 목을 길게 빼며 인기척을 기다리고 있을 것이다.
우리를 내내 바라고 있을 것이다.

28

평생토록 내가 겨우 나만 되는 것 같아도,
비가 또 바다가 되고, 바다가 다시 비가 되는 것 같아도
이 모든 것이 결국, 물이 다시 물이 되는 것처럼 보일지라도
자꾸만 새로운 땅에, 하늘에 도착하세요.

운명은 바퀴 같은 거예요.
일단 돌아야, 어디론가 당신을 옮길 수 있는 거예요.

「운명의 운명」 (2024 2월호)

PART 2.　　　　사랑 :

우리는 너무 아름다운 확률로 서로를 만났으니까

29

이왕이면 다정하게, 소중하게 살아남읍시다. 누군가에게 어떤 말, 행동을 하기 전에 저곳이 나의 두 번째 영혼의 집이다, 생각합시다. 이 순간에도 나의 영혼은 툭툭 쪼개지고, 곳곳에 저장되고 있어요. 당신은 어떤 기억이 될 건가요?

「내 영혼의 두 번째 보금자리」 (2023 6월호)

영화 <해리포터>에서 볼드모트는 자신의 영혼을 쪼개 여러 개의 호크룩스에 저장해 둔다. 우리의 영혼도 비슷한 모습으로 쪼개지고 저장되지 않나 싶다. 볼드모트는 호크룩스였지만, 우리의 호크룩스는 어쩌면 서로일지도 모르겠단 생각을 하던 때에 이 글을 썼다. 볼드모트처럼 영혼을 직접 쪼개서 물건에 담아 두지 않아도, 우리는 매 순간 타인의 기억과 마음을 호크룩스 삼아 깃들어 가고 있다. 우리는 서로의 마음으로 흩어지는 존재들이자, 서로의 마음속에서 살아남는 존재들이다. 호크룩스가 모두 파괴되면, 볼드모트의 영혼은 소멸한다. 우리가 오래 살아남으려면, 서로에게 좋은 기억이 되는 수밖에 없다.

◯ 30

나는 당신을 보며 느낍니다. 행운은 신의 몫이 아니라, 나와 당신의 몫, 우리의 몫일 수 있음을요. 나의 말 한 마디, 행동 한 번이 누군가에게는 행복 한 번, 행운 한 번일 수 있음을. 당신을 보면서 늘 깨달아요. 어쩌면 우리는 서로의 신일지도 모르겠습니다. 그리고 또 어쩌면, 신보다 우리가 서로의 소원을 더 많이, 더 자주 이뤄 줄 수 있을지도 모르겠단 생각도 들어요.

「우린 매일 서로의 일부가 되니까」 (2023 6월호)

○ 31

일 년에 딱 한 번, 모두가 자신의 생일을 가지는 건,
그 생일을 몹시 축하하고 또 축하받는 건
우리가 이 우주에 단 한 번뿐인 사랑이기 때문이야.
처음이자 마지막이 될 눈빛이고, 목소리고, 마음이기 때문이야.
몹시 귀하게 여겨야 해.
한 번 태어난 우리는 두 번 다시 오지 않아.

「생일」 (2023 6월호)

생일은 늘 애틋하다. 우리는 너무 아름다운 확률로 서로를 만났으니까.
당신은 이 세상에 딱 한 번인데, 그 한 번을 나랑 보내고 있구나. 알게 되니까.

흘러가는 여름과 보내는 여름은 얼마나 다른가.
단수에 가까운 것은 결국 아무것도 남겨 놓지 않는다.
그것이 흐른다는 것의 문법이니까.
그러나 함께하는 것은 꼭 흔적을 남긴다.
그것이 보내는 것의 기쁨이니까.

「흘러가는 여름과 보내는 여름」 (2023 7월호)

우리는 시간이라는 명사 뒤에 두 가지 다른 동사를 쓴다. 시간이 '흐른다'. 그리고 시간을 '보낸다'. 흘러가는 것은 단수에 가깝다. 흘러가는 풍경 속에서의 시간은 저 혼자만 오고 간다. 하지만 보내는 것은 복수다. 나와 당신이든, 나와 시간이든, 그 동사 안에서의 우리는 늘 쌍으로 존재한다. 흘러가는 여름과 보내는 여름은 얼마나 다른가. 혼자와 둘은 얼마나 다른 세계인가.

33

네가 혹 나에게 장마나 더위를 보내더라도 난 즐겁게 읽을 거야. 조용히 함께 장마이고 더위일 거야. 난 네 모든 여름이 궁금하니까. 우중충한 여름의 뒷면까지도. 그게 다 너를 이루는 거니까.

「줄어들지 않는 말」 (2023 7월호)

여름을 겪는다는 것은, 지루한 장마와 폭염과 무서운 천둥 번개까지도 겪는 것이다. 너를 겪겠다는 내 마음도, 물론 그 모든 것을 포함한다.

34

나는 엄마의 딸이라 좋은 날이 참 많았어.
오래 살진 않았지만 평생이 그랬어. 엄마도 그랬어?
엄마도 나를 만나서 기뻤어?

「가장 잘 알고 싶은 세 사람」 (2023 7월호)

계절은 '떠나는' 게 아니라, 우리 안에 '심어진'다. 언어 중에 특히 동사의 영향을 많이 받는 우리는, 그 '떠난다'는 말 때문에 매번 모든 일을 서러워하는지도 모른다. 하지만 그들은 사라지는 게 아니다. 우리 안으로 모습을 감추는 거다. 우리가 함께 보낸 시간들이 어떻게 훌훌 사라져 버릴까. 절대 그렇지 않다. 계절은 제 소용을 다하면, 땅이 아니라 우리의 마음으로 와서 묻힌다. 그가 태어난 곳이 바로 거기니까. 우리가 계절의 끝에서 해야 할 일은, 푸념이 아니라 마음을 토닥이는 일이다. 마음을 토닥거리면서 '아, 바로 여기에 여름이 심겼구나.' 하고 실감하는 일이다. 좋은 작별이란 내 마음에 심긴 너를 제대로, 충분히 실감하는 일. 떠났다, 가 아니라 심어졌다, 로 동사를 고쳐 쓰는 일이다.

「계절의 꽃말」 (2023 8월호)

사랑은 떠나지 않는다. 사랑은 모든 것을 심는다.

○ 36

우리, 라는 이름으로 나쁜 감기를 함께 앓는 것도 사실 난 뭉클하고 좋아. 아픈 것을 함께 앓으면, 서로 같은 지점에서 눈물이 나니까.

「감기의 꽃말」 (2023 8월호)

우리는 서로 너무 잘 닮고, 잘 옮고, 쉴 새 없이 무언가를 교환하고 뒤섞는다. 우리는 함께 있는 것만으로도 점점 더 우리가 된다.

(37)

한 사람을 알기 위해서는 그가 어떤 노래를 듣느냐가 아니라, 이 노래의 어느 부분에 밑줄을 긋고 있는지를 알아야 한다. 거기가 바로 마음의 핵심, 그의 맥이 뛰고 있는 곳이니까. 음악과 마찬가지로 타인이 어떤 책을 읽는지, 그 사람의 책장에는 어떤 책들이 꽂혀 있는지를 보면 그 사람을 알 수 있다고 하는 말은 모두 엉터리다. 그것은 아무것도 말해 주지 않는다. 진실은 그의 손이 오래 머문 곳, 그가 아주 천천히 지나간 밑줄 뒤에 있다.

「당신의 밑줄을 나에게 들켰으면 좋겠다」 (2023 9월호)

좋아하는 사람이 생겼을 때, 나는 그가 좋아하는 음악을 자주 따라 들었다. 하지만 노래를 따라 들을 수는 있어도, 그의 마음이 어디서 쿵 떨어지는지는 알지 못했다. 그게 나를 늘 아쉽고 애타게 했다. 나는 그의 밑줄이 알고 싶었으니까. 노래에는 그가 없지만, 밑줄에는 그가 있으니까.

38

요즘 모든 이에게 닿고 있는 푸바오 영상 하나가 나에게도 닿았다.
영상 속의 푸바오는 작은 눈사람을 아기처럼 꼭 껴안고 있었다.

안으면 금방 녹아서 사라지니까, 너무 오래 안고 있진 마.
눈으로만 봐. 만지진 말고.

사육사 할아버지는 이렇게 말씀하셨다.
그렇지만 나는 지금 저 눈사람이 얼마나 행복해하고 있을지를 안다.
눈사람을 열심히 만드는 사람은 많아도, 열심히 안아 주는 사람은 없으니까.

나는 금방 사라지니까 더 많이 안아 줘.
눈사람은 사라짐을 두려워하는 게 아니라, 외로움을 두려워하고 있다.

세상에서 가장 행복한 눈사람은
천천히 녹는 눈사람이 아니라, 따뜻하게 녹는 눈사람이다.

그를 오래 보존하는 방법이 아니라
그가 가장 따뜻하게 녹을 수 있는 방법을 우리가 떠올릴 때,

저 흰 눈은 더 펑펑 내릴 것이다.

따뜻한 품을 잊지 못한 이 눈사람은
영원히 다시 내려올 것이다.

「눈, 사람이니까」 (2023 9월호)

혼자인 채로 영원한 것보다, 아주 짧은 찰나라도 누군가와 함께하는 게 눈사람에게도, 그리고 우리에게도 더 기적 같은 일일지 모른다.

39

윤은 다른 빛들과는 달리 사랑과 세월과 정성을 먹고 자란다. 윤이 나는 손톱, 윤이 나는 머리카락, 윤이 나는 피부 같은 것들은 주인이 영양을 가득 줬다는 것을 제 건강함으로 증명한다. 사랑으로 가꿔지는 것들은 사랑받고 있다는 것을 굳이 말하지 않는다. 사랑은 그저 빛날 뿐이다.

「사랑할 윤」 (2023 9월호)

40

가슴 가득 사랑이 차 있고,
그것을 표현할 수 있는 사람이 지금 내 눈앞에 있다는 것은 아마도
우리가 아직 부르지 않은 기적이자 행운일 것이다.
누군가에 대한 고백은 갈수록 아름다워진다.
우리가 더 아름다워지기 때문이다.

「온 우주보다도 더 크게 영원보다도 더 멀리」 (2023 11월호)

41

내가 제일 좋아하는 풍경이 뭔지 알아?
비 오는 날 사람들이 우산을 들고 걷는 모습이야.
인간은 평생 저 모습으로 모든 흐린 날들을 이겨 왔어.
백 년 전에도. 이백 년 전에도.
그래서 우산은 위대한 거야.
하늘이 무너지고 있을 때 쥘 수 있는 가장 마지막 손이라서.
그러니까 이건 내가 네게 줄 수 있는 가장 튼튼하고 위대한 손이야.
이제 저 하늘에서 얼마나 많은 비와, 천둥과, 번개와, 눈이 떨어져도
너는 안전할 거야. 우산도 있고 그 우산을 주는 나도 있잖아.

「사랑을 쓰듯 우산을 써」 (2023 11월호)

작은 손을 가진 누군가가 사랑하는 사람을 오래오래 지켜 주고 싶어서 만든 게, 우산이라고 생각한다. (손 수(手)는 꼭 우산 모양처럼 생겼다.) 우리의 손은 작지만, 이 두 손으로 막을 수 있는 것은 우산보다 크다. 그러니까 살다가 궂은 비가 내리면, 사랑을 쓰듯 우산을 쓰자. 우산을 쓰듯 사랑을 쓰자.

42

하나의 물건은 하나의 소망이다.

사랑하는 아이가 태어난 집의 아버지가 자동차를 발명했을 것이다.
멋진 곳에 많이 데려갈게. 이 세상의 전부를 보여 주고 싶단다.

슬픔을 알려 주고 싶은 사람이 비눗방울을 발명했을 것이다.
영원한 숨은 없단다. 우리의 숨은 저 하늘 위에서 아름답게 사라져.

사랑하는 사람을 잊지 못한 이가 향수를 발명했을 것이다.
나는 너를 다시 데려올 수 없지만, 이 향기는 너를 다시 데려와.

희망이 많은 사람이 세탁기를 발명했을 것이다.
얼룩진 것들은 여기 다 넣어. 그럼 우린 또 다음 문장을 쓸 수 있어.

늙고 쇠한 부모를 가장 사랑한 사람이 텔레비전을 발명했을 것이다.
멋진 곳 많이 못 데려가서 미안해. 나도 이 세상의 전부를 보여 주고 싶었어.

하나의 물건은 하나의 세상이다.

하나의 물건은

우리가 그토록 발명하고 싶었던

하나의 기적이다.

「너를 위한 세상을 만들게」 (2023 11월호)

TV와 유튜브로 세계여행을 한다는 아빠의 한 마디에서 시작된 생각들이다. 나도 발명이란 걸 할 수 있었다면, 꼭 저런 마음으로 텔레비전을 만들지 않았을까 싶어서.

43

나는 대체 어떻게 책을 고르나.
네 어떤 부분을 첫눈에 믿고 사랑하게 되나.

사실, 모든 건 딱 한 줄인 거지.

이런 한 줄을 쓴 사람이라면, 마음을 줘도 아깝지 않을 것 같아.
다 그런 결심 때문인 거지.

「나는 너를 만나 숲이 되고 싶었던 것 같다」 (2024 2월호)

나는 실제로도 저렇게 책을 고른다. 딱 한 줄. 그 한 줄에 전부를 건다.

44

지금으로부터 137억 년 전,
최초의 우주가 탄생했을 당시 존재했던 물질이란
거의 수소와 헬륨뿐이었다고 한다.

가장 처음엔 그 수소와 헬륨이 모여 별이 탄생하고,
그 별이 죽고 나면 다시 우주로 흩어져
수소와 헬륨이 아닌 새로운 물질이 만들어지고,
그 새로운 물질들이 다시 서로 만나고 헤어지고 흩어지면서
지구와 태양계, 지금의 우리가 되었다는 이야기.

그런데 중요한 게 하나 빠졌다.

어떤 물질은 사랑 없이도 결합할 수 있지만,
어떤 물질들은 사랑 없이는 결합할 수 없다는 사실.

아무리 수소와 헬륨과 새로운 화학 물질들이 생겨났다 해도,
최초의 우리를 설명할 수 있는 것은 사랑밖에 없다는 사실.
우주에 생겨난 새로운 물질 중에 가장 신비로운 물질은,
사랑이었다는 사실.

별이 수만 번 태어나고 죽으면서 만든 물질들이,
제아무리 수백 수천 번 합쳐져도
그때 그 남자의 눈빛과 그 여자의 떨림을 대신할 수는 없다.

그때 그 둘이 아니었다면,
바로 그 순간. 그 찰나가 아니었다면,

지금 우리는 없다. 지금의 당신과 나는 없다.

이 사랑은 우주와 연결되어 있다.
우주엔 지금 우리의 숫자만큼이나 많은 사랑이 있었다.
그 사랑들이 결정한 지금이다.

「이 사랑은 우주와 연결되어 있다」 (2024 2월호)

○ 45

오랜만에 간 엽서 도서관에는
어린아이가 쓴 것 같은 글씨의 축하 카드가 아주 많았다.
아이들은 우리보다 아는 단어도 훨씬 적은데,
우리보다 훨씬 더 많이 표현하지.
어른들은 엽서를 살 돈도, 표현할 언어도 더 많은데
늘 부족하고 아쉽게 사랑하지.
그 쉬운 도토리조차 모으지 않아서.
서로에게 심은 숲이 너무 빈약해서.
그래서 외로운 거지.

「계속 잊어버려서 계속 자라나는 숲」 (2024 2월호)

나에겐 시절마다 종종 불러야 할 이름들이 있어서, 생각날 때마다 엽서를 사서 모아 둔다. 이 도토리들이 너의 마음에 심기면 참나무가 되고 숲이 되겠지. 나는 실은 편지를 주고 싶었던 게 아니라, 수년에 걸쳐 네 안에다 내 몫의 숲을 짓고 싶었던 걸지도 모르겠다. 나도 외로워지고 싶지 않아서. 그리고 너도 외로워지지 않았으면 해서.

46

벚꽃은 다른 이들의 사랑을 이뤄 주려 꽃잎을 떨어뜨리고,
나는 내 사랑을 이루기 위해 홀씨를 퍼뜨린다.

당신이 어디를 걷든, 내내 땅만 보며 걷고 싶은 날,
그럴듯한 이유가 있었으면 좋겠어.
초라해지지도 않고, 슬프지도 않고,
내내 아름답게 걸을 수 있는 이유가.

내 홀씨가 온 세상에 닿기를.
나는 어느 척박한 땅에서도 뿌리내릴 수 있어.
당신이 날 발견하고 웃을 수만 있다면. 언제나.

「당신의 그 모든 외로운 땅에서 나를 발견하기를」 (2024 2월호)

민들레는 유일하게 홀씨가 된다.
멀리 날아가야 할 이유와 함께.

47

이 컵을 만든 사람은 분명 누군가의 손을 잡아 주고 싶었을 거야.
그렇지 않으면 손잡이를 이렇게 만들지 않았을 테니까.
보통의 컵처럼 작은 귀 모양으로 만들었겠지.
그는 잡아 주고 싶은 손들이 너무 많아서 이 컵을 만든 거야.
따뜻한 사과유자차를 핑계로 잠시 손을 잡아 주려고.

나는 귀를 닮지 않고 손을 닮은 이 손잡이가 좋았다.
컵은 잡힐 뿐만 아니라,
잡아 줄 수도 있다는 것을 함께 알려 주는 이 컵이 좋았다.

어떤 손은 단 한 번의 악수만으로도 서로를 영원히 쥐고 싶게 만들고,
이 컵은 온몸으로 말한다.

"날 잡아."

「내 손도 잡아」 (2024 2월호)

어쩌면 우리는 따뜻한 손이 잡고 싶을 때, 차를 데워 컵을 잡는 것일지도 모른다.

48

단 한 번이라도 내 몸을 거친 옷은
모두 헌 옷이 된다.

키가 조금 더 컸다는 이유로,
이젠 이런 옷을 입을 시기는 지났다는 이유로,
살이 쪘다는 이유로 이별하는 것은,
그래도 견딜 만하다.

그렇지만
내가 너를 너무 좋아했다는 이유로,
네가 내 몸을 가장 많이 기억한다는 이유로,
결정적으로는 네가 나와 가장 많은 추억을 남겼다는 이유로,

네가 헌 옷이 되는 일은,
너무 슬픈 원리라고 생각한다.

옷은 마음의 풍화가 일어나는 세계.
어떤 사랑은 만질수록 투명해지나 봐.

너무 닳아서 서로가 다신 닿지 못한대도,
나는 내 피부 위의 너를 기억해.

그러니까 하나의 생 안에서 또 다른 누군가의 생이
끝까지, 아주 마지막까지 닳는다는 건
사실 기쁜 일인지도 모르겠다.

닳는다는 건,
서로가 영원히 닿을 방법을 찾았다는 의미일지도 모르니까.

보여야 볼 수 있는 세계에서
보이지 않아도 볼 수 있는 세계로.

「사랑할수록 사라지는 피부」 (2024 2월호)

49

사라지면 어때. 우린 아주 행복했는데.
나는 사라져도 네 입, 네 마음, 네 기억 속으로 사라지는 건데.

눈에 보여야만 영원한 건 아니야.
영원한 것만이 행복한 건 아니야.

언젠가 다른 솜사탕을 보고도 내가 떠오른다면,
그래서 마음이 다시 환해졌다면,
너와 나는 행복하고 영원한 거야.

나는 떠나지도 사라지지도 않아.
다만 네게 잘 녹아 있을 뿐.

「솜사탕」 (2024 3월호)

솜사탕은 너무 쉽게 사라지는데, 그 쉬운 사라짐을 아무도 슬퍼하지 않고 오히려 기뻐한다는 사실이 조금 신기해서 쓰게 된 글이다. 이 사라지지 않는 사라짐은 뭐지. 아무도 서럽거나 서운하지 않은 이 폭신한 이별은 대체 뭐지. 하면서.

나무가 왜 인간보다 오래 사는지 알아?
사랑 때문이야.

영원한 집이 되어 주고, 의자가 되어 주고,
침대가 되어 주고, 책도 되어 주고,
땔감까지도 되어 주고 싶은 그런 마음.

그렇게 자신의 평생을 써서
이 세상의 전부를 지어 주고 싶었던 누군가가
저 나무에겐 있었기 때문이야.

「나무」 (2024 3월호)

51

여행은 가슴 속에 품을 사진 하나를 만들고 오는 일.
영영 사라지지 않을 장소를 하나 발견하는 일.
이제 그곳 없이는 수월하게 살아갈 수 없는 가슴을 갖게 되는 일이다.

「여행」(2024 3월호)

나는 사랑하는 사람들과 시간을 보낼 때마다, 꼭 여행하는 기분이 든다.
그래서 종종 '여행'을 '사랑'으로 바꿔 읽는다.

52

우린 가장 소중한 것들로 비밀을 만든다. 가족의 생일, 연인의 생일, 나의 생일, 제일 익숙하고 사랑하는 숫자들로 열쇠를, 해답을 만든다. 비밀번호의 핵심은 내가 끝까지 기억할 수 있는 것. 가장 마지막의 마지막까지 잊지 않고 떠올릴 수 있는 것에 있으니까.

나는 내가 영원히 잊어버리지 않을 것들로 비밀번호를 만든다.

내가 나의 첫 세상을 만난 날의 날짜.
내가 살면서 가장 기쁘게 챙겼던 기념일들.
아주 오래오래 듣고 싶은 목소리를 들려주는 번호들로.

「비밀번호」 (2024 4월호)

모든 비밀의 열쇠는 언제나 사랑이다.

누군가가 나를 사랑할 때, 나는 가장 잘 살아진다.
내가 누군가를 사랑할 때, 그도 가장 잘 살아갈 수 있겠지.
사랑하고 있어, 와 살아가고 있어, 의 닮음을 생각하며.
내가 네 마음을 닮고, 네가 내 마음을 닮을 때까지. 사랑.

「오늘 하루도 파이팅」 (2024 8월호)

54

물을 빨아들인 미역은 무서운 속도로 불어난다.
이제야 숨을 쉬기 시작한 것처럼. 새 삶을 부여받은 것처럼.

회복의 속도. 자기 자신이 되는 속도가 어마어마하다.

인간이 미역을 말리기 시작한 것은
그것을 오래 보관하기 위함이었으니까

인간이 마음을 말리기 시작한 것 역시
그것을 오래 간직하기 위함인가.

하지만 다 말라빠진 상태로 오래가는 게
대체 무슨 소용이지.

상해도 부풀어야 한다.
상하는 게 두려워서 자신의 일부를 미라로 만드는 건,
바보 같은 짓이야.

「부푸는 약속」 (2024 8월호)

55

좋아한다는 말은 삶을 넓어지게 한다. "나 여기 좋아해"라는 말은 우리를 그곳에 꼭 가 보고 싶게 만들고, "나 이 음식 좋아해"라는 말은 그 맛을 꼭 경험해 보고 싶게 만든다. 좋아한다는 말은 길이다. 새로운 길. 그러니까 누군가가 자기 자신을 잃어버려 힘들어할 때는 "힘내"가 아니라 "좋아해"라고 말해야 한다. 나는 네가 좋아. 내가 좋아하는 너를 너도 다시 좋아해 봐, 라고.

「좋아해」 (2024 8월호)

어렸을 땐 두 개로 쪼개지는 아이스크림들이 좋았다.
돈은 없고 친구는 많았으니까.
완벽하게 반으로 쪼개지지 않은 아이스크림 앞에서
네가 더 큰 거 먹어! 서로 양보받는 그 기분이 너무 좋았으니까.
우리가 즐겨 먹는 아이스크림의 모양은 여름 내내 그렇게
우리의 우정을 닮아 있었다. 분명 둘인데 하나로 이어진.
하나이자, 둘이라고도 부를 수 있는 모양.

지금의 나는 그때만큼 더위사냥이나 쌍쌍바를 좋아하진 않는다.
혼자서 양쪽을 다 먹을 수 있다는 것은 생각보다 시시했다.
이 아이스크림들의 행복은 결코 독차지에 있지 않았으니까.

더위사냥과 쌍쌍바를 가장 맛있게 먹는 방법은
아이스크림이 어떤 모양으로 쪼개져도 억울하지 않고
아깝지 않을 상대와 함께 나눠 먹는 거라는 걸,
어른이 된 나는 이제 안다.

더위사냥과 쌍쌍바를 제일 좋아하던 어린이는
이제 투게더를 제일 좋아하는 어른이 되었다.

함께 먹는 누군가의 흔적이 반드시 남는 아이스크림.
꼭 누군가와 함께 먹을 작정으로만 사는 아이스크림.

아이스크림도, 여름도 그렇게 녹는 게 좋다.
나에게도 추억을 남기고, 당신에게도 추억을 남기며
같은 맛으로 사라지는 여름. 둘 이상의 맛으로.

「최고의 아이스크림」 (2024 8월호)

만약 나의 유년 시절에 더위사냥이나 쌍쌍바 따위가 없었더라면,
그때 그 어린 여름들은 조금 덜 아름다웠을 것이다.
어떤 여름들은 쪼개져서 더 아름다워지기도 한다. 꼭 함께 쌍으로 존재하면서.

57

좋아하는 것들을 자주, 열심히 말해야겠다고 생각했다. 꽃을 보면 꽃을 좋아한다고 했던 사람이 생각나고, 바다를 보면 바다를 좋아한다고 했던 사람이 생각나고, 푹신한 구름을 보면 꼭 저런 구름을 좋아한다고 했던 사람이 생각나니까. 그러니까 나도 내가 좋아하는 사람 앞에서는, 좋아하는 걸 열심히 말해야겠다고 생각했다. 그럼 그 사람도 생각나겠지. 꽃을 봐도 내가, 바다를 봐도 내가, 구름을 봐도 내가.

「고백」 (2024 10월호)

세상 속에서 자꾸만 내가 읽히도록 하는 것.
이런 게 진짜 고백일지도 모른다. 이런 게 진짜 마법인지도 모른다.

58

너는 수년 전 오늘 태어나서, 내 수많은 오늘을 바꿨어.
그리고 너는 지금도 내 세상을 바꾸고 있어. 여전히 좋은 쪽으로.

「실제의 행복」 (2024 2월호)

내가 나의 생일날 가장 듣고 싶은 말을 썼다. 오늘을 행복하게 보내라는 말보다, 지금 당장 내가 행복할 수 있는 말 한마디를 선물 받는 생일을 매년 꿈꾼다.

○ 59

갈수록 같은 행동에도 다른 힘이 든다. 예전에는 쉽게 하던 것도, 이제는 더 큰 힘을 들여야 겨우 해내는 나를 보며, 나는 아빠의 나이와 힘을 더 생각한다. 내가 느낄 변함없는 사랑을 위해 아빠는 지금 얼마만큼의 힘을 더 보태고 있는 걸까. 같은 행동이라도 아빠는 나보다 더 큰 힘이 들 텐데. 서로의 나이만큼 우린 더 힘이 들 텐데.

「사랑해」 (2024 10월호)

아빠는 평생 내게 말이 아니라, 뜻과 힘을 가르쳐 주고 있다. 평생에 걸쳐서 한 단어를 가장 열심히 알려 주고 있다.

오늘을 잊지 마. 매번 같은 여름이 아니었으니까.

「여름을 사랑이라고 읽으면」 (2024 8월호)

이 글의 비밀은 제목에 숨겼다. 여름은 계속 찾아오지만, 그들은 모두 다 다른 여름이다. 다 다르게 아름답고 뜨거운 여름이다.

(이 세상에 두 번 다시 없을 당신을) 만나서 반갑습니다.
(아무렇게나 스쳐 지나가지 않고, 서로를 영영 모르지 않고) 만나서 반갑습니다.
(우주의 미세한 확률로 우리가 이렇게 만날 수 있게 되어서) 반갑습니다.

(우리가 다시 먼 곳으로 돌아가기 전에) 만나서 반가웠습니다.
(이 한 번뿐인 지구 여행을 당신과 함께해서) 반가웠습니다.
(어느 행성에서도 다시는 만나지 못하겠지요) 만나서 진심으로 반가웠습니다.

「반갑습니다」 (2024 10월호)

62

나는 그녀에게 "잘 자, 굿나잇"이란 인사 대신, "잘 자, 내일 봐" 하고 인사한다. 내일 또 보는 것이, 나에겐 좋은 밤보다 더 좋은 약속이니까.

「노트의 꽃말」 (2023 8월호)

아무도 손을 모아 주지 않는 돌탑은 쉽게 무너지지만
한 사람이라도 손을 함께 모아 주는 돌탑은 절대 무너지지 않는다.

누군가 귀하게 여기는 걸 보면
저절로 귀한 것이라고 믿게 되고

누군가 천하게 여기는 걸 보면
저절로 천한 것이라고 믿게 되니까.

우린 늘 그런 식으로 믿으니까.

기적의 시작은 딱 한 사람이면 된다.
모두가 천하다 천하다 해도 귀하게 봐 주는 딱 한 사람.

그 하나면 된다.

「기적의 시작」 (2024 2월호)

64

겨울이라 부르기엔 너무 떠나온 것 같고 봄이라 부르기엔 아직 도착하지 않은 것 같은 지금. 겨울의 귤 대신, 봄의 딸기 대신, 매일 바나나를 한 개씩 까먹는다.

바나나는 겨울에도 있고 봄에도 있고 가을에도, 여름에도 있는 것 같아. 왠지. 늘 함께인 것 같아. 개나리 대신 바나나의 노랑을 매일 보는 게 지겹지가 않다. 편안하다. 바나나의 노랑은.

왜 편안하지. 왜 늘 함께인 것 같지 우린. 인터넷으로 찾아봤다. 너는 어디서 자라 어떻게 도착하는지. 왜 매일 익숙하게 내 눈에 띄는지.

저 먼바다 건너에서 읽은 바나나의 이야기는 희귀했다. 우리가 먹는 바나나에는 씨앗이 없어서, 바나나는 1만 개 중 하나꼴로만 씨앗을 품고 있어서, 바나나 씨앗 하나를 구하는 일에는 수천, 수만 송이의 바나나가 으깨진단다. 그러나 겨우 어렵게 바나나 씨앗 하나를 얻어도 그 씨앗이 제대로 발아할 확률은 고작 1%에 불과하고 아무리 기술이 발전해도 바나나 파초 하나를 만드는 데에 필요한 바나나는 대략 1만 개라고.

바나나야 너는 대체 어떤 확률을 뚫고 오는 거야. 왜 매일 쉬운 얼굴을

하고 오는 거야. 내가 바나나를 만나는 확률은 매일 1인데, 바나나가 나를 만날 확률은 매일 1만 분의 1씩 더 어려워지고. 저 바다를 건너올 때마다 너는 더 희미해졌겠구나.

바나나를 한 번 크게 만든 나무에서는 다시 바나나가 열리지 않는다고 한다. 우리, 가 될 확률이 더 미세해졌다. 그런데 너는 오늘도 변함없이 1이다. 내 앞에서 언제나처럼 노랗다. 그런 줄도 모르고 나는, 지금이 아니라도 바나나 너는 언제든 먹을 수 있으니까 다른 과일을 더 열심히 먹고 싶다고 말했다.

지금도 네가 얼마나 어려운 확률을 뒤집으며 나에게 오고 있는지도 모르고. 정말 아무것도 모르고.

「1의 확률로 갈게, 언제나」 (2024 3월호)

65

이 손이 이 글을 두드리는 동안
두드리지 못한 미래들을 떠올린다.

손은 많은 미래를 바꿀 수 있다.
이 손은 지금 여기 있는 대신에

누군가의 어깨와 다리를 주물러 아픈 곳을 낫게 할 수도 있다.
지옥까지 주저앉은 사람을 일어나게 할 수도 있다.
기억이 아니라 가슴에 남을 연주를 할 수도 있다.
울음이 멈추지 않는 등을 쓿어 슬픔을 멈추게 할 수도 있다.
사랑을 고백할 수 있다.
따뜻한 저녁밥도 지을 수 있다.

우리는 지구가 멸망하는 순간에,
지구까진 아니더라도 자신의 세계가 멸망하는 그 순간에
마지막으로 손을 하나 떠올리게 될지 모른다.
평생 자신이 만났던 가장 따뜻한 장면을,
손으로 기억할지 모른다.

다른 따뜻한 미래들을 포기하고 내가 지금 키보드를 두드린다면,
내 손도 그런 손 중 하나가 되어야 한다고 생각한다.

지금 여기를 하나라도 바꾸는 손.

「미래를 건드리는 손」 (2024 8월호)

PART 3.　　　　나 :

우린 모두 은의 씨앗이에요

◯ 66

매일을 사는 몸과 마음에 작고 사소한 디테일이 살아 있는 사람이 되고 싶습니다. 작은 부분까지도 세심하게 가꿀 줄 아는 사람이 큰 아름다움을 가질 수 있으니까요.

「나의 작은 편린들을 떠올리는 밤입니다」 (2023 3월호)

내가 내려놓는 생각 하나, 만드는 영상 하나, 쓰는 문장 하나. 그 작은 것 하나하나가 조금씩 나아지도록 애쓰다 보면 결국 나라는 큰 덩어리도 나아지는 게 아닐까 한다. 작은 단위로도 잘 살아야, 큰 단위로도 잘 살게 되는 것이라고.

67

회색은 은의 씨앗이에요. 아직 빛이 떨어지기 전의 은이, 흐린 회색의 모습을 하고 있을 뿐이에요. 내 안에 회색이 있다는 것은, 은의 기회를 가지고 있다는 증거예요. 나는 알아요. 우린 모두 은의 씨앗이에요.

「정오의 바람에선 다시 어린 봄 냄새가 납니다」 (2023 3월호)

내가 될 수 있는 색깔은 오직 회색이던 시절. 회색을 가장 좋은 색이라고 믿으며 나 홀로 지어낸 이야기다. 회색은 은의 씨앗이라는 생각을 가지고 나서부터는, 희한하게 회색도 나도 더 이상 절망적이지 않았다. 우리가 머지않아 곧 반짝거릴 것 같았기 때문이다.

문 앞에서는 두 가지 힘을 써야 하잖아요. 미는 힘과 당기는 힘. 마음을 드나들 때도 마찬가지로 힘을 써야 해요. 미는 힘과 당기는 힘. 내가 너무 갇혀 있을 때는 문을 힘껏 밀어야 하고, 너무 바깥에 있을 때는 또 힘껏 당겨서 열어야 하죠. 아무리 내 마음이라도, 나 역시 내 마음에 들어가고 또 나오기 위해서는 어느 정도의 힘이 늘 필요하다는 이야기예요.

「내가 파랑하는 것들의 목록이에요」 (2023 3월호)

내 마음도 나에게 쉽지 않은 문이라는 사실을 기억하고 싶어서 쓴 글이다. 타인의 마음을 여는 게 쉽지 않듯이, 내 마음이 나에게 문을 열어 주는 것도 당연한 일이 아니라는 것을 이젠 순순히 인정하며 산다.

69

검은색은 자기가 색깔인 줄 모른다. 어둠인 줄 안다. 그래서 자기도 자기를 무서워한다. 겁낸다. 기꺼이 그림자가 되려고 한다. 자기가 이 세상 모든 색을 이미 가지고 있는데도 그걸 알지 못해서, 그래서 꼴찌다.

「부끄럽지 않은 꼴찌」 (2023 6월호)

(70)

우주에는 태양도 달도 아니면서, 그들 못지않게 밝게 빛나는 별이 있다. 금성(Venus)이라고 했다. 빛을 내는 별이 아닌데, 태양과 달을 제외하고 지구에서 가장 밝게 보이는 별. 해 질 무렵에 나타나 태양과 달 사이, 가장 중요한 빛이 비는 그 시간에 사람들의 길잡이가 되어 주던 별. 금성은 태양과 달의 시간을 이었다. 캄캄해진 사람들의 길을 이었다. 오직 그 별만 할 수 있는 일이었다. 그 별은 태양도 달도 아니고, 금성이기 때문에 세상에 필요했다. 금성은 꼭 금성이어야 했다. 빛을 내고 말고는 중요한 문제가 아니었다. 금성은 금성이어야만 한다는 게 가장 중요하고 소중했다.

「이름은 금성, 꽃말은 등대」(2023 6월호)

당신도 꼭 당신이어야만 한다. 금성이 꼭 금성이어야만 하듯이.

71

그때의 나는 카레 앞으로 자주 도망치던 젊음이었다. 서로 처음 보는 채소들이 각자의 날을 허물고, 서로의 낯섦을 받아들이는 것을 지켜보면서, 나도 그렇게 내 안의 무언가를 뭉근하게 푹 끓였다. 카레라는 이름으로 천천히 하나가 되는 야채들처럼, 나도 낯선 나와 하나가 되는 시간이 필요했다. 그 시절 나에게 카레는 '받아들임'과 동의어였으니까.

「카레의 꽃말」 (2023 8월호)

20대 초반의 나는 슬프고 속상할 때마다 카레를 먹었다. 청춘의 모서리에 부딪히는 게 너무 아플 때마다 카레를 먹고 자주 마음이 나았기 때문이다. 카레를 먹으면 나는 쉽게 허물어지고 뭉근해졌다. 이런 나도 나고, 이런 젊음도 젊음이라며 나를 이루는 모든 재료와 모양을 수긍했다. 유일하게 카레 앞에서는 편식이 없었다. 카레를 먹으면 먹을수록, 어느 한 시절의 나를 편애하는 일도 점점 줄어들었다.

72

소금은 아무리 녹아도 사라지지 않는다. 소금은 절대 자기 자신을 잃지 않는다. 이것보다 더 소중한 교훈이 세상에 있을까. 소금은 음식을 이루기도 하고, 바다를 이루기도 하며, 우리 몸 안에 들어와 우리 자신을 이루기도 한다. 하지만 그는 무엇의 일부가 되든 간에, 소금 자기 자신으로서 가장 먼저 존재한다. 매 순간 오롯이 소금으로서 존재한다. 눈에 보이든 보이지 않든 소금은 자기가 소금인 줄 안다. 어디에 섞여 있어도, 자신이 고유한 줄 안다. 잠시 녹았다가, 다시 드러날 줄 안다는 것은 그런 것이다. 나는 언제나 나로서 존재한다는 것을 아는 것. 잠시 녹아 투명해져도 영영 사라지는 것이 아님을 아는 것.

「소금의 꽃말」 (2023 8월호)

73

피망으로 산다는 것은, 생각보다 싫지만은 않은 느낌입니다. 내가 피망이라서, 내가 나라는 이유로 나를 싫어하는 사람이 많다는 것을 나도 알아요. 하지만 누군가 나를 싫어한다는 건 내가 선명하다는 증거이지요. 사랑받지 못할 때의 나는, 오히려 나의 선명함을 느낍니다. 비관하지 않아요. 많은 이들에게 외면받는 채소는 다른 채소들보다 식탁에 오를 일이 적어지겠지요. 그러나 그들의 식탁에 오르지 못한다고 내 삶이 크게 달라지진 않습니다. 더 행복해지거나, 더 불행해지지 않는다는 말입니다. 내가 식탁에 오르지 못할수록 더 불행해지는 것은, 오히려 나를 싫어하는 이들입니다. 나는 보기보다 영양가가 좋기 때문입니다. 그러니 나를 멀리하고 싫어할수록 손해를 보는 쪽은, 늘 그쪽이에요. 사랑하지 않음을 슬퍼해야 하는 쪽은, 내 쪽이 아니라 언제나 그쪽입니다.

「피망의 꽃말」 (2023 8월호)

내가 생각하는 피망은 세상 모두가 자신을 싫어한다고 해도, 눈 하나 깜짝하지 않을 채소다. 무관심을 하나도 섭섭해하지 않는 채소. 사랑에 전혀 갈증을 내지 않는 채소. 나도 잠시 그런 피망이 되고 싶어 썼다. 당신이 아무리 나를 미워해도, 나는 변함없이 유용할 거야. 아니. 보란 듯이 유용할 거야.

다 익으면 저절로 나무에서 툭 떨어져 자신의 완성을 알리는 열매들도 있지만, 누군가가 자신을 발견하고 꺼내 줄 때까지 빛을 보지 못하는 열매들도 있다. 땅속에 깊이 묻혀서 누군가의 힘을 필요로 하는 존재들.
농부에게 발견된 고구마와 감자와 당근과 무는 얼마나 고마울까. 자신들의 탄생을 위해 기꺼이 누군가 힘을 보태 주는 그 순간을, 서로가 처음 손 맞잡은 순간을 얼마나 잊지 못할까. 고구마와 감자와 당근과 무가 그러하듯이 나도 매번 잊지 못한다. 내 힘만으로는 결코 지상으로 갈 수가 없을 때, 어기영차 내 줄기를 잡고 자기 쪽으로 힘껏 당겨 주던 사람들. 흙 속에 있는 내가 어떤 모양인지도 모르면서, 여기 뭐가 있는 것 같다고, 궁금하다고, 꼭 좋은 걸 발견한 것 같다며, 내 힘과 운명과 탄생의 반쪽이 되어 준 사람들.
뿌리채소한테는 뿌리채소라서 경험할 수 있는 멋진 순간들이 있다. 높은 나무에 매달린 열매는 절대로 경험하지 못할 순간들. 좋은 사람들에 의해 발견되고, 끌어 올려지는 그 순간의 황홀경. 나의 캄캄함이 당신들을 만나 빛을 보는 순간들. 그건 나무 열매가 아닌 뿌리채소에게만 주어지는 축복이다.

「뿌리채소의 꽃말」 (2023 8월호)

75

열심히, 최선을 다하겠습니다. 오늘도 나는 나를 가장 좋아하겠습니다. 좋아하는 나를 위해 건강하게 먹고, 조금 귀찮아도 땀 흘려 운동하고, 일찍 잠자리에 들어 제일 먼저 태양을 맞이하겠습니다. 열심히, 최선을 다하겠습니다. 이제부터는 타인을 위해서가 아니라, 내가 나를 위해 이 좋은 마음을 증명해 보이겠습니다.

「최선을 다하겠습니다」 (2023 9월호)

무화과. 꽃이 없는 열매라는 이름이 붙은 이 과일은, 사실 열매 안이 온통 꽃이다. 그러니까 사실 이 열매는 무화과(無花果)가 아니라 내화과(內花果)라고 이름 지었어야 한다. 꽃을 보지 못하고 있는 쪽은 언제나 우리 쪽이니까. 무화과는 보이지 않는 자신의 가장 안쪽에서, 다른 꽃보다 훨씬 더 많은 꽃을 피운다. 무화과는 그렇게 자기 자신 안에다 천국을 짓는다.

「무화과과 화가」 (2023 9월호)

모두가 꽃을 꼭 밖으로 피우란 법은 없다. 어디든 천국을 짓고 있으면 되는 것이다. 이 세상엔 내가 보지 못하고, 듣지 못한 천국이 아주 많을 것이다. 우린 서로의 천국을 모른다. 나도 당신의 천국을 알지 못한다. 그래도 어딘가엔 천국이 있겠지. 거기 당신만의 꽃이 피고 있겠지. 무화과의 핵심은 열리지 않은 속에 있으니까.

(77)

스스로 자신의 꿈이 된. 대체 불가능한. 기대되는. 무엇이든 할 수 있는. 어려워도 용기를 내는. 사랑스러운 자신감이 넘치는. 오래오래 좋은 질문을 던지는. 늘 함께하고 싶은. 불행의 방향을 바꾸는. 새로운 꿈과 희망을 심는. 영원히 읽고 싶은.

「곧 목격하게 될 말들의 목록」 (2023 9월호)

이것들은 전부 나와 상관없지만 상관있는 말이다.
지금은 보이지 않지만, 곧 보게 될 말들이기 때문이다.

78

다른 사람들은 모른다. 하지만 나는 안다. 내가 얼마나 대단한지를. 그리고 얼마나 더 대단해질 수 있는지를.

「씨앗의 시간」 (2023 11월호)

79

저의 올해는 제게 이런 것들을 가르쳐 주었어요. 우뚝 솟은 산봉우리 같은 것만 용기가 아니라, 움푹 꺼질 구덩이가 평지가 되는 일도 대단한 용기라는 것을. 어떤 평평한 인생도 실은 엄청나게 솟아난 결과라는 것을요.

「용기와 용기」 (2023 12월 문답집)

돌이켜 보면, 포기하고 싶지만 포기하지 않았던 그 모든 순간이 용기라면 용기였던 것 같다. 내 몫의 용기는 평지를 산으로 만드는 근사한 용기가 아니라, 무너지는 구멍을 평지로 만드는 용기였다. 겉으로 보기엔 다 똑같은 평지처럼 보이겠지만, 어떤 평지는 커다란 구멍들이 죽을힘을 다해 솟아난 결과이기도 하다. 바닥을 치던 순간들이 정말 많았지만, 매번 낭떠러지가 되진 않았다. 그게 참 대견하다. 대단한 뭔가는 되지 못했지만, 싱크홀 같은 마음의 재난들을 내 마음으로 하나하나 다 메꿔 냈다는 게 너무 기특하고 감사할 뿐이다.

무언가를 열심히 쌓다 보면, 그게 뭐든 뭔가가 될 거라는 것. 그리고 나도 무언가가 되어 있을 거라는 것. 이게 저의 희망이자 방식이에요. 그러니까 무언가가 되었다고, 혹은 되지 않았다고 혼자 기대하거나 실망하지 말고 오늘도 그냥 네 할 일을 하라고 스스로에게 말해요. 축적은 제가 알고 있는 유일한 삶의 낙관이니까.

「축적과 축적」 (2023 12월 문답집)

나는 마음이 흔들릴 때마다 내가 나에게 지어 준 이름과 뜻을 본다. 한 장의 페리. 아주 얇디얇은 반죽 한 장이 겹겹이 쌓여서 완성되는 페이스트리처럼, 내 삶도 아주 얇은 한 장의 노력들이 매일 꾸준히 쌓여 결국 근사하게 완성될 거라고.

○ 81

무슨 일이 언제 어떻게 일어날지 모르니, 지금이 아니면 안 된다는 마음으로 지난 일 년을 살았어요. 지금 표현하고, 지금 만나고, 지금 선물하고, 지금 글을 쓰고, 지금 내보내고, 내일 무슨 일이 있어도 후회 없게. 지금. 오직 지금만 있도록.

「지금 지금 지금」 (2023 12월 문답집)

우주에서는 정확한 궤도가 무척 중요하죠. 아주 미세한 각도 하나만 틀어져도, 우주선은 정확한 위치에 도착할 수 없으니까. 제 세컨드 플래너는 매일 제 인생의 미세한 각도를 조정해 주는 중앙본부실 같은 존재였어요. 1년이라는 거대한 프로젝트가 실패로 돌아가지 않도록 미세하게 마음의 방향을 잘 조정해 줬던 컨트롤타워였죠. 세컨드 플래너는 저를 가장 섬세하게 바꾼 물건이에요. 매일 미묘하고 사소하게 각도를 바꾸는 일이, 사실 제 일상 속 가장 위대한 변화라는 것을 알려준 고마운 물건이지요.

「세컨드 플래너」 (2023 12월 문답집)

83

올해의 저는 꼭 풍선 같았어요. 풍선은 자기 자신의 '모양'은 있지만, 자기 자신만의 '무게'는 없지요. 그래서 늘 바람이 부는 대로 휘청거려요. 본인 의지와는 상관없이 하늘을 날아다니다가, 땅을 끌다가, 늘 가볍고 위태롭지요. 올해의 저도 그랬던 것 같아요. 일희일비가 많았어요. 스스로의 중력은 약했고요. 자기 자신을 자주 놓치게 되는 일은 분명 나쁜 일이지만, 그나마 다행인 점은 그럴수록 더 잘 알게 되기도 한다는 것이에요. 내가 돌아와야 하는 곳은 어딘지, 어떻게 해야 잘 돌아올 수 있는지를요. 풍선은 가벼워서 날아가는 것도 쉽지만, 돌아오는 것도 쉽거든요.

「풍선」(2023 12월 문답집)

남들을 좇아가는 것은 누구나 할 수 있어요. 이미 좇고 있는 사람도 많고요. 대중을 따라가면 쉽게 대중적인 존재가 될 수 있잖아요. 그런데 나를 좇아가기 시작하면 그 자체로 독보적인 존재가 될 수 있다고 생각해요. 나만 남길 수 있는 기록들, 나만의 아이디어들, 그런 것들에 시간을 더 많이 쏟는 순간 나라는 이유만으로 귀를 기울이는 사람들이 점점 늘어날 테니까. 저는 오직 저로서, 그리고 저라서, 세상에 필요해지는 순간을 만나고 싶어요. 그러려면 내가 원하는 일을 내가 바라는 방식으로 독특하게, 그리고 꾸준히 잘하고 있어야 한다고 생각해요. 내가 원하는 것 중에 나다운 게 제일 많으니까.

「나다운 것」 (2023 12월 문답집)

85

올해는 서럽게 운 날이 많았는데, 대체로 잘 울었던 날들이었어요. 잘 울었다는 건, 울기 전과 후가 분명 달라졌다는 의미예요. 그냥 울기만 하지 않고, 운 뒤에는 열심히 달라졌으니까. 벽을 만나서 달려들면, 내가 가진 힘의 크기만큼 밀려나지만, 밀려난 후에는 더 큰 힘을 줄 줄 알게 돼요. 그럼 그 다음번엔 더 크게 달려들게 되지요. 캄캄한 밤에 울었던 날들이 늘 그랬어요. 우는 힘보다 더 큰 힘으로 그다음 날을 살았어요. 올해 제가 울었던 그 모든 밤들이, 실은 매번 제 변곡점이었어요. 내년에는 올해보다 우는 일이 많이 없었으면 하지만, 이왕 울어야 한다면 내년에도 후회 없이 잘 울었으면 좋겠어요. 우는 게 별로인 게 아니라, 울기만 하는 게 별로인 거라는 걸, 내년에도 제가 잊지 않았으면 해요.

「변곡점」 (2023 12월 문답집)

86

'가득 차올라야 돼, 더 차올라야 돼.' 꼭 그믐달처럼 스스로를 내내 부족하게 여기는 그 마음이, 올해의 제겐 너무 잦았어요. 그 말밖에 할 수 없는 저도 너무 싫었고요. 하지만 그믐달이 만월이 되는 것도 결국 시간문제잖아요. 그믐이 사라지지 않고 자기 자신을 버틸 때, 우주는 그를 천천히 만월의 시간으로 데려갈 거예요. 무슨 일이 있어도 새벽 다음엔 늘 아침이잖아요. 영원한 새벽은 없어요. 그렇죠?

「그믐달」 (2023 12월 문답집)

超心 (뛰어넘을 초, 마음 심) : 뛰어넘는 마음. 초능력.

초심(超心).

'뛰어넘을 초'에 '마음 심' 자를 썼다.

세상엔 없는 단어라, 직접 만들어 가졌다.

초능력의 범위에 나는 내가 만든 이 초심(超心)도 들어간다고 믿는다.

몸의 상처가 보통 사람에 비해

비정상적으로 빨리 회복되는 게 초인들의 능력 중 하나이듯이,

마음의 상처가 비정상적으로 빨리 회복되는 것도

초능력 중 하나일 테니까.

「흙과 용의 초능력」 (2024 2월호)

"등록된 한자가 없어서 바꾸기에 실패했습니다."

한자로 알고 싶은 단어 위에서,
그렇지만 한자가 없는 단어 위에서 한자 키를 누르면
이런 문장이 뜬다.

이미 등록되어 있는 한자 따위를 궁금해한 게 아닌데.

나는 등록된 한자가 아니라,
네가 거짓말처럼 나에게 들려줄 한자가 궁금한 건데.

난 모든 것이 그렇게 궁금한데.

너를 통과하는 것으로.
오직 너만을 통과하는 것으로.

「소유한 가능과 가능한 소유」 (2024 2월호)

봄은 실은 두 번째 겨울이다.

겨울 다음에 봄인 이유는, 사람들의 경멸과 무시 때문이다.

너는 희망 없는 땅이야. 아무도 살 수 없는 땅이야.
우울하고 슬프고 괴롭기만 한 땅이야.
아무것도 없을 거야. 영영 없을 거야. 얼른 사라져 버려.

그런 말을 들은 겨울이 조용히 두 번째 이름을 가진 계절. 봄.

봄은 자신의 이름으로, 복수하듯 외친다.

봐. 저 희망의 땅을. 모두가 환호하는 땅을.
아름답고 기쁘고 행복하기만 한 세상.
모두가 영원하길 바라는 이 시절을.

당신들이 내게서 무엇을 놓쳤는지 똑바로 봐.

「봄」 (2023 3월호)

넣어도 넣어도 녹기만 하는 것. 사라지고 또 사라지기만 하는 것. 뜨거운 물에 갓 녹인 커피가루 위로 제일 처음 넣는 얼음들은 뜨거운 커피에 자신의 전부를 빼앗긴다. 서러워도 어쩔 수 없다. 뜨거운 물의 힘이 더 세니까. 몇 조각의 얼음보다 그건 언제나 힘이 세니까. 얼음들은 무조건 녹아야만 한다. 반드시 사라져야 한다. 온도를 뒤집기 위해서. 힘을 역전시키기 위해서. 그들은 그들이 세상에 존재했었다는 것을 비밀에 부친 채, 힘껏 사라져야 한다. 사라지지만 완전히 지는 것은 아니다. 뜨거운 물에 얼음이 영원히 패배하는 것은 아니다. 얼음이 녹고 또 녹다가 마침내 커피가 차가워지면, 얼음은 끝끝내 네모반듯한 얼음의 모습으로 멋지게 컵에 담긴다. 우리가 완성이라고 부르는 아이스 커피가 된다. 뜨거운 커피 속으로 사라지고 또 사라지다가 결국엔 찰랑찰랑 기분 좋게 보존되는 이 얼음들을 보며, 나의 노력들도 언젠가 이렇게 시원한 한 잔을 꼭 완성해 낼 것이라고 믿어 본다. 나의 노력도 저 얼음들처럼 매일 깊이 잠수하며 밑바닥을 메우고 있다고. 오래오래 숨을 참으며 제 소용을 만들어 내고 있다고.

「얼음 커피」 (2024 4월호)

서럽지 않게 녹는 일. 그게 지금 내가 다할 수 있는 최선이다.
먼저 뜨겁게 사라진 나의 얼음들이 억울하지 않도록
매번 이기는 일이 아니라, 매 순간 지지 않는 일이 나의 최선이다.

알고리즘. 마음의 시각화를 피할 수 없다. 마음은 어떤 방식으로든 드러난다. 선택받은 마음들은 커진다. 내 인생에 편재할수록, 그것들은 똑같이 세상에도 편재한다. 작은 선택은 자꾸만 더 큰 선택이 된다. 내가 오늘 하루 무엇을 보고 웃는지에 따라, 세상도 똑같이 보고 따라 웃는다. 내가 무엇을 읽고 잠드는지에 따라, 세상도 그것을 읽고 잠든다. 유튜브는 km의 거리를 mm의 단위로 순식간에 좁힌다. 어디든 닿을 수 있는 마음들을 집계한다. 닿음의 한계가 없을 때 당신들은 과연 어디에, 무엇에 닿을까. 집계한다. 유튜브는 이미 다 알고 있을 것이다. 이 세상에 존재하는 웃음의 총량이 얼마인지, 허무와 권태와 분노와 우울의 총량이 얼마인지. 클릭 한 번. 가벼운 자극이지만 그 가벼운 터치만으로도 세상은 변한다. 집계된다. 당신의 피드는 세상 전체를 구성한다. 누군가 매일 마음을 보태는 쪽으로 세상은 더 발전하니까. 당신은 언제나 파원(波源)이다. 세상의 물결이 시작되는 곳.

「파원」 (2024 8월호)

바나나는 내가 생각하는 가장 안전한 과일이다. 갈수록 달아지니까. 바나나는 끝으로 갈수록 달아진다. 처음은 싱겁고 떫더라도, 시간이 지나면 반드시 달아진다. 가만히 놔둬도 안이 저절로 달아지는. 이런 게 사랑이고 마음이면 좋겠다. 이런 게 나였으면 좋겠다.

「바나나」 (2024 10월호)

붙잡는다. 멋지지 않아도, 훌륭하지 않아도 붙잡는다. 근사하고 예쁘장한 말들만 남기지 않고, 남들이 보고 듣기에 좋은 말들만 남기지 않고, 지금이라서. 오직 지금이라서 나를 이루고 있는 것들을 모조리 붙잡고, 남기고, 보관한다. 돌이킬 순 없어도 내가 겪은 모든 시절의 나를 최대한 글로 남긴다. 평생에 딱 한 번 오는 생각, 평생 딱 한 번 오는 시간과 깨달음들을 조금이라도 덜 잃어버리고자 나는 지금을 쓴다. 훌륭하지 않아도 쓴다. 지나간 나는 나에게도 영영 과거다.

「절전」 (2024 10월호)

젊음과 고무줄은 닮았다. 써 보지 않으면 자기 자신을 깨닫지 못한다는 점에서. 고무줄은 자기 자신을 스스로 꼭 튕겨 보고 겪어 봐야 한다. 그렇지 않으면 다른 끈과 자신이 어떻게 다른지 평생 알 수 없다. 당신만이 가진 특별함은 아무도 알려 주지 않는다. "너는 다른 끈과는 달라. 너는 유일하게 길이를 마음껏 늘일 수 있는 고무줄이야. 그게 얼마나 특별하고 독특한지 모르지. 이제부턴 모두가 너를 필요로 할 거야." 아무도 그렇게 이야기해 주지 않는다.

「고무줄」 (2024 10월호)

이 물컵을 확 엎질러 볼까.

물은 엎질러져 봐야 알잖아.
자기가 흐를 수도 있다는 걸. 자유로울 수 있다는 걸.

컵에서 가만히 찰랑거릴 때는 모르잖아.
자기한테도 새 방향이 있다는 걸.

그러니까 나도 콱 엎질러져 볼까.

「새 방향」 (2024 10월호)

당신도 알지? 우린 이게 전부가 아니라는 걸.

사람들이 나에게 바라는 것도

내가 나에게 바라는 것도

실은, 하나의 몸짓인 것 같단 생각을 한다.

나아감, 방향, 같은 것.

어딘가로의 완전한 도착이 아니라.

오늘도 열심히 떠오르려고 애쓰고 있다는 사실 그 자체.

「미래라고 부르는 두 번째 해」 (2024 11월호)

97

햇빛 아래에서 나무가 자라지 않았다면
그 나무가 열매를 맺지 않았다면
그 열매가 누군가를 먹여 살리지 않았다면

태양은 과연 자기 자신을 긍정할 수 있었을까.

땅이 쩍쩍 갈라져 타들어 가고
먼 우주의 불꽃이 지구의 산에도 자꾸만 옮겨붙고
자신이 소중한 생명의 숨을 자꾸만 꺼트리기만 할 때도

태양은 과연 자기 자신을 미워하지 않을 수 있었을까.

태양도 스스로를 작게 여기는 순간이 있다.
태양조차도 자신의 힘을 결과로서 알게 되는 순간이 있다.

가끔은 이런 상상만으로도 괜찮아지는 마음이 나에겐 있다.
믿음이란, 누구에게나 공평하게 접착력이 강하지 않은 스티커 같다.

「태양이 작아지는 순간」 (2024 11월호)

나의 일은 나무가 되는 것이다.
나는 그냥 내 자리에서 무럭무럭 자라고 있을 뿐인데

고맙다고 말하는 사람
멋지다고 말하는 사람
쓸모없다고 말하는 사람
싫다고 말하는 사람들을 만난다.

사람들은 언제나 우르르 왔다가 우르르 떠나고
모두가 떠난 밤에도 키는 자란다.

나는 아무도 기억하지 않는 나무도 되었다가
한 사람이 오래 기억하는 나무도 되었다가
올려다봐야 할 나무도 되었다가
베어져야 할 나무가 되기도 하면서

한 뼘 더 나무가 된다.

「허공을 견디는 나무」 (2024 11월호)

99

숫자를 축하한다.

백을 축하하고
천을 축하하고
만을 축하하고.

그것을 가진 날을 축하한다.
하지만 너는 진즉에 이 미래를 갖고 있었지.

「반드시 일어날 사건」 (2024 11월호)

길거리에 쭉 늘어서 있는 똑같은 나무들.
그들은 모두 똑같지 않다. 각각이 독특하고 특별한 힘을 지닌 별개다.
그것을 깨닫기 시작할 때, 우리는 진실로 사랑을 읽을 수 있게 된다.

비로소, 발견이다.

「발견」 (2024 8월호)

◯ 101

사실 모든 이들은 다 강하고 강렬하다. 우리의 내면은 온통 빨강이니까. 그러나 자기 존재의 강렬함은 매번 가장 늦게 깨닫는다. 우리는 가장 안쪽부터 붉으니까. 가장 바깥이 아니라.

「숨은 빨강 찾기」 (2023 7월호)

빨강은 어렸을 때부터 나에게 아주 근사한 색이었다. 가장 중요한 것들을, 꼭 기억해야 하는 것들을 표시할 때 쓰는 색이었기 때문이다. 나는 빨간 펜 같은 사람이 되고 싶었다. 지나가는 자리마다 중요함을 흘리는 사람. 내 안에는 온통 중요한 것투성이인 사람. 내가 이미 그런 사람인 줄도 모르고. 모두가 이미 그런 사람인 줄도 모르고. 나는 그것을 늘 바랐다.

102

누군가는 이 글의 존재를 영영 모를 것이다.
지금도, 앞으로도, 영원히.

그래도 계속 쓴다.

누군가는
꾸준히 읽어 주고 있으니까.

그것만으로도
나의 세계는
더할 나위 없이 완벽하고 행복하다.

「두 번째 해」 (2024 11월호)

바다가 되고 싶다.

나를 얕보는 저 맨발들을 훅 삼켜 버리고 싶다.

'여기까지가 얕았다고, 이다음도 얕을 거란 생각은 마.'

두서없이 깊어지는 사람이 되고 싶다.

「바다」 (2024 4월호)

PART 4.   지혜 :

모두가 도토리에서 참나무를 보는 건 아니니까

104

멍청한 하루들 속에서 우리가 가장 현명해질 수 있는 법은 바로 걷기야. 그러니까 많이 걸어. 미운 날에도 많이 걷고, 사랑이 부족한 날에도 많이 걸어. 물론, 행복한 날에도 많이 걸어야 해. 건강한 사랑을 많이 저축해 두었다가, 흐린 날에 잔뜩 꺼내서 써야 하니까.

「걷기에 낭비하는 인생은 사랑스러워」 (2022 늦가을호)

나를 사랑하는 사람들은 날 볼 때마다 햇빛 아래에서 오래 걸으라고 한다. 오늘 나가서 오래 걸어 보니, 당신들이 왜 그런 말을 나에게 쉬지 않고 했는지 알겠다. 그건 당신들이 나에게 줄 수 있는 가장 큰 가르침이었다. 걸으러 나가면, 나는 무엇을 얻든지 가장 좋은 걸 얻어 왔다. 그때부터 나는 인생에서 가장 유용한 지혜란 독서와 걷기에 있다고 믿게 되었다. 그리고 가장 큰 사랑이란, 그것들을 권하는 것이라는 것도.

105

하기 싫어하는 순간이 제일 괴롭고, 정작 하는 순간은 가장 평화롭다.

「내 마음가짐이 되는 문장들」 (2023 6월호)

○ 106

자신 안에서 사랑을 잘 깨닫는 사람은 굳이 바깥으로 행복을 구하러 다닐 필요가 없지요. 내 안에 이미 음악이 흐르니까요.

「내 하루가 저 음악이 될 때까지」 (2023 6월호)

107

네가 없어졌다. 그 순간, 모든 것의 당위도 함께 사라졌다. 나에겐 있어야 할 곳이 없어서, 있지 않은 것도 없다. 있으면 좋은 곳은 있지만, 반드시 있어야 할 곳이라는 것은 없다. 세상은 부동이 아니라, 유동이니까. 존재는 늘 그가 있어야 할 곳에 있다. 다만, 그 이유를 우리가 한참 뒤에나 깨달을 뿐이다. 때로는 그가 있는 모든 곳이 어쩌면 그가 있어야 할 곳이라고 믿는다. 그곳은 언제나 타당하다. 단지, 내 마음이 타당하지 않을 뿐이다. 내 이해는 아직 멀었으니까. 우리는 갑자기 너무 훅 멀어졌으니까. 서운하고, 슬프고, 괜찮지 않다. 이 질문은 내가 아니라, 오히려 그들에게 물어야 한다. 그곳은 당신이 있어야 할 곳이냐고. 드디어 제자리인 거냐고.

「있어야 할 곳에 있지 않은 것」 (2023 7월호)

내 살과 몸이 매일 닿는 옷의 소재를 귀하게 생각하는 사람은, 자신을 아끼는 스스로의 마음과 매일 맞닿는다. 그런 사람은 매일 존중받는다. 자기 자신에게서 가장 먼저, 그다음엔 타인에게서도. 소재는 드러남의 문제가 아니라, 내가 나와 어떻게 접촉하느냐의 문제다. 그러니까 좋은 소재를 고르는 것은, 나를 위한 것이다. 내가 나를 먼저 귀하게 대접하고 대하고 있으면, 남들도 함부로 쉽게 대할 수 없으니까. '아우라'가 생기는 것이다. '나는 나를 귀하게 대해요. 당신도 그렇게 대해 주셨으면 해요.' 옷이 구겨지면, 마음도 구겨진다. 나는 내 몸에 최신 유행을 하나라도 더 걸치는 것보다, 내 몫의 존중을 담는 게 훨씬 중요하다고 생각한다. 사실 옷은 외면이 아니라, 내면의 이야기에 더 가까우니까.

「옷의 역할」 (2023 7월호)

109

좋음을 함께할 때 기쁜 사람이 아니라,
나쁨을 나쁘지 않게 해 주는 사람이 여러모로 최고다.
좋은 것은 누구와도 좋을 수 있지만
나쁜 것은 누구와 보내느냐에 따라, 조금 덜 나쁜 것이 되기도 하니까.

「나의 이상형」 (2023 7월호)

짧다고 핵심이 없는 것은 아니며, 길다고 핵심이 많은 것도 아니다.
짧은 것이라도 소용 있게 해내는 것이, '한다는 것'의 핵심이다.
그러니까 뭐라도 한다면, 그게 당신의 핵심이다.

「핵심」 (2023 7월호)

100보다 99를 더 신뢰하는 이유는, 배움의 자리 때문이다. 100에는 빈자리가 없지만 99에는 있으니까. 배우고자 하는 태도가 사라지는 순간, 100은 위험한 숫자가 된다. 0보다 못한 숫자가 된다.

「99의 꽃말」 (2023 8월호)

나는 여전히 100% 살균보다 99% 살균이 더 믿음직스럽다. 오만의 자리가 하나 비어 있는 숫자. 배움이 있는 숫자. 나에게 가장 완벽한 숫자는 언제나 99다. 가능하다면 영원히 100이 아니라, 99이고 싶다. 내가 99이고 싶은 것은 100이 되기 위함이 아니라, 계속 더 나은 내가 되기 위함이다.

다시 돌려보내지 않을 것들은 이렇게 꼭 지저분해진다. 나의 것이 된다는 것은 거리낌 없는 때가 탄다는 것이다. 나는 중고로 되팔 책들을 아주 깨끗이 새것처럼 본다. 그런 책에는 아무것도 남겨 놓지 않는다. 마음이 손을 넘지 못한다. 관계도 마찬가지. 언제든 떠나 버릴 관계는 깨끗함으로 증명된다. 서로에게 아무런 얼룩도 남기지 않고, 서로의 손때를 조심하는 사이. 그런 사이는 언제든 훨훨 흩어진다. 아무것도 남기지 않아서, 아무것도 붙잡지 못하니까. 우리, 가 되려면 서로의 손을 타야 한다. 얼룩이 남고, 밑줄을 긋고, 물을 엎지르고, 이리저리 긁히더라도. 지저분한 마음이 덕지덕지 묻어야 한다. 깨끗한 우정이란 없다. 마음을 뒤흔드는 사람이랑은 백지 같은 관계가 될 수 없다. 나는 당신의 여기 이 부분이 좋아 마구 줄을 긋고, 여기 이 부분은 정말 싫어 마구마구 표시를 해야 한다. 사랑은 사실 완전무결하게 예쁜 것이라기보다는, 지저분한데도 예쁜 것이니까. 오래 사랑받은 가게에는 언제나처럼 손님들의 낙서가 남아 있다. 그 낙서에서 우리는 두서없는 진심을, 뒤섞이면서 역사가 되는 진짜 이야기를 본다. 못생겼지만 곁에 있는 것. 생생한 것. 그게 우정이다. 너의 손을 타고 나의 마음을 탄 꾀죄죄한 진심. 얼룩과 덜룩을 진심으로 아끼는 그 마음.

「낙서 없는 벽과 흔적 없는 마음」 (2023 9월호)

나는 미지근하게 좋아한다는 말이, 뜨겁게 좋아한다는 말보다 더 성숙한 고백임을 이제 안다. 제 마음에 못 이겨 뜨겁게 좋아하는 것은 누구나 할 수 있다. 그러나 미지근하게, 그러니까 내가 가장 내 마음인 채로, 온도에 취하지 않은 채 너를 똑바로 오래오래 좋아하는 건 어려운 일이다. 미지근한 물이 몸에 좋은 건, 변하지 않는 사랑이 제일 많이 녹아 있어서일 거다.

「미지근한 물이 몸에 좋은 이유」 (2023 9월호)

유튜브 채널을 운영하며 가장 크게 깨달은 점은, 내 채널이 북적거리거나 시끄럽지 않을 때 숫자들이 가장 솔직해진다는 사실이다. 뜨거운 사람들이 한꺼번에 몰려와 채널이 끓으면 진짜 숫자를 보기 어려워진다. 숫자들이 거짓말을 하기 때문이다. 이 숫자들은 높아지고 달콤해지고, 실시간으로 들쭉날쭉해진다. 방금 사랑에 빠진 사람처럼 정신을 못 차린다. 그러나 숫자들이 미지근함을 되찾고 다시 차분해지면, 불순물들이 가라앉으면서 진짜 숫자들이 보이기 시작한다. 내 채널이 축제 속에 있지 않을 때, 나는 가장 진실한 마음들을 본다.

바쁘게 사는 게 아니라 똑똑하게 살아야 한다, 제자야.
네가 가진 화살들을 빨리 다 써 버리는 데에만 목적을 두지 말아라.
충분히 많으니, 그것을 낭비해도 좋다고 생각하지 말아라.
쓸데없이 바쁘지 말아라.

「바쁘게 쏘는 것, 열심히 쏘는 것, 똑똑하게 쏘는 것」 (2023 9월호)

쏠 수 있는 화살이 아무리 많아도, 모두 의미 없이 날려 보낸다면 화살을 하나도 가지지 못한 것과 다름없다.

◯ 115

불행이 원하는 게 무엇인지를 항상 생각한다. 나를 미워하는 이가 바라는 게 무엇인지를 자세히 생각한다. 그리고 나는 똑똑하게 그 반대로 한다.

「변곡점이 생기는 지점들의 목록」 (2023 9월호)

바뀔 수 있다는 것을 아는 것은 바뀌는 것만큼 중요하다.
그러나 내가 어느 지점에서 어떻게 변할 수 있는지를 아는 것은 더 중요하다.
그 사실이 나를 진짜로 변하게 하기 때문이다.

못생긴 호박이라는 말은 얄미운 계집애들이 만들어 낸 새빨간 거짓말이다.
못난 호박, 못난 호박, 하고 부르면서 저들은 제일 많이 먹고 마시니까.
호박은 피부 미용에도 좋고, 노화 예방에도 좋고, 부기에도 좋다.
예뻐지려면 호박이 꼭 필요하다.

이상한 호박씨를 깐 것은 분명 저 아이들일 것이다.
못생긴 호박을 먹으면 더 못생겨진다는 말을 퍼뜨리며 온 동네의 호박을
열심히 따 먹은 것은.

아이야, 저 음흉한 말에 속지 말아라. 호박은 아주 착하고 예쁜 것이란다.
모든 씨앗에는 독이 있는데, 유일하게 이 호박씨에만 독이 없어.
얼마나 착하니.
그리고 세상에는 호박이란 보석도 있단다.
이 보석은 나무에서 태어나. 신기하지.

나무는 상처를 입으면 스스로를 보호하기 위해 수지라는 물질을 내뿜는
데 그게 땅에 차곡차곡 묻혀서 굳으면, 호박이라는 보석이 된단다.
나무를 지키고 살린 강인한 힘으로 태어난 보석은
다른 보석들처럼 영원히 빈둥거리며 반짝거리기만 하지 않고,

먼 옛날부터 자기 자신을 태워 많은 아픈 사람들을 구했어.
연기로 날아가고 차로 우려지면서. 얼마나 아름답게 사라지는 보석이니.

열매도 보석도, 호박이라는 이름을 가진 것들은 모두 이렇게나 아름다워.
호박이 저토록 아름다우니까, 그것을 먹는 사람도 아름다워지는 것이겠지.

그러니 아이야, 쑥덕거리는 모든 소문에 속지 말아.
홀로 영원히 아름다워지는 일에 마음을 빼앗기지 말아.
나를 지키고, 남을 지키느라 더 늙고 성숙해진 저 호박들을 봐.

아이들아
제발. 저 아름다운 것들을 좀 봐.

「아무도 보석인 줄 모르는 보석」 (2023 11월호)

嫌惡
(싫어할 혐, 미워할 오) : 미워하지 마세요. 거기서 더 쉬워지지 마세요.

설탕은 독입니다. 마시지 마세요.

설탕은 너무 쉬워서 독이다.
너무 쉬운 말과, 너무 쉬운 마음과, 너무 쉬운 행동들이
한 사람을 너무 쉽게 무너뜨리듯이.

파괴가 너무 쉬워서 독이다.

사람 안에 너무 쉽게 쌓이면서
영원히 쉽게 사라지지 않아서

설탕은 독이다.

「설탕 같은 지점들」 (2024 2월호)

호(好)도 있고 불호(不好)도 있어야 영원해.
그래야 오래 살아남을 수 있어.

풀은 너무 사랑받기만 하면 안 돼.
그럼 다 뽑혀 나가거든.

「민트」(2024 3월호)

119

유리는 잘 깨진다. 그토록 높은 열을 견디며 태어났는데도.
항아리도 잘 깨진다. 그토록 뜨거운 가마 속에서 살아났는데도.

뜨거움은 견딜 줄 알아도
높이는 견디지 못하고

깃털, 새, 나비, 홀씨는
높이를 이길 줄은 알아도
온도는 이길 줄을 모르고.

높이와 열기.
그 두 가지를 모두 다 이길 수 있는 것은 무엇일까.

지금 내 발밑에서 조용히 강한 돌멩이 하나.
오늘도 하찮게 차이고 있는 돌멩이 하나.

「돌멩이」 (2024 4월호)

조용히 강한 것들은 왜 항상 사람들의 무시와 멸시 아래에 있을까.

있잖아요, 불행은 큰 소리로 오지 않아요. 절대로.
그것은 자기 자신을 알리며 오지 않아요. 절대로.

「정지」(2024 4월호)

121

당신에게 좋은 향기를 풍기는 것과
내가 좋은 향기를 입는 것은 전혀 다른 일입니다.

풍기는 것은 당신을 좋아하는 일.
입는 것은 나를 좋아하는 일이니까요.

「향수」(2024 4월호)

바다에 비해서도 멸치는 아주 작고,
나에 비해서도 멸치는 몹시 작지만,
과연 멸치는 정말로 작을까.

그 작음이란 건, 도대체 무엇을 측정한 값일까.

내가 측정하는 멸치의 크기는
나보다도 크고, 이 지구를 흐르는 저 바다보다도 크다.

멸치는 자신을 증명하기 위해서 몸집을 키우지 않는다.
크다는 것이 언제나 큰 것을 의미한다고 믿지 않는다.

이미 그 작은 몸에 어마어마한 양의 칼슘을 품고 있는데.
무슨 크기가 더 필요할까. 멸치는 항상 최대다.

멸치는 실은 단 한 번도 볼품없었던 적 없다.
그가 단 한 번이라도 볼품없었다면,
그것은 볼품없다고 생각한 그 사람의 것.

멸치라는 말을 크게 쓰는 사람의 세계는 점점 더 커지고

멸치라는 말을 작게 쓰는 사람의 세계는 점점 더 작아지고.

어쩌면 모든 이름이 그럴지도 모른다.

모든 것의 크기는 언제나, 그것을 부르는 사람의 마음만큼 크거나 작다.

「멸치의 작음」 (2024 8월호)

123

세상 그 무엇도 함부로 대해선 안 돼.
전능하다는 이유로 신이 너를 함부로 대하지 않듯이.

「양파」 (2024 8월호)

유제품은 우리를 늘 긴장시키고, 가공식품은 우리를 늘 안심시킨다. 그래서 나는 유제품이 좋다. 유제품처럼 구는 사람이 좋다. 그런 사람들은 좋은 날을 절대 놓치지 않으니까. 지금을 황금처럼 여기니까. 그들은 최선을 다해야 하는 타이밍을 안다. 아무리 좋은 최선도, 유효한 순간과 유효하지 않은 순간이 있다는 걸 안다. 우유는 금방 상해 버려서 안전하다. 누구도 함부로 방심하지 않고, 모두 촉각을 기울여서, 그래서 안전하다.

「우유」 (2024 10월호)

125

아가. 세상을 바꾸는 일도 중요하지만
세상을 잃어버리지 않는 일은 더 중요하단다.

「할머니」(2024 11월호)

시간에 불리한 사람은 늘 아쉽고, 조급하다. 시간에 무언가를 계속 잃고 있기 때문에. 하지만 시간에 유리한 사람은 시간이 가는 게 기쁘다. 무언가를 얻고만 있기 때문에. 장인의 손이 닿은 것들은 세월이 갈수록 낡지 않고 오히려 값이 뛴다. 그는 잠깐 좋은 게 아니라 오래 좋은 것을 만들었기 때문이다. 책상 앞에 앉아 키보드 위에 손을 얹을 때마다 생각한다. '오래가자. 오래가는 것을 쓰자.' 시간에 유리한 사람에게 시간은, 가는 게 아니라 오는 것이다. 그래서 그는 시간이 흐를수록 기쁜 것이다. 저 멀리 뭔가 오고 있는 게 보여서.

「시간을 내 편으로 만드는 방법」 (2023 9월호)

우리 엄마는 나와 함께 운동 가는 것을 좋아한다. 어차피 같이 가도 속도가 달라서 각자 따로 걷거나 뛰는데도 그게 뭐가 좋으냐 물었더니, 자기가 잘 걷고 있으면 저 멀리서 우리 딸이 뛰어올 거라는 그 사실이 좋다고 했다. 시간에 유리한 사람은 어쩌면 이런 순간을 기다리고 있는 사람들일지도 모르겠다.

"오고 있다. 저 멀리서. 기다렸던 네가."

(127)

점을 점으로서만 바라보는 일은 아주 어렵다.
모두가 도토리에서 참나무를 보는 것은 아니니까.

심기는 마음이 흙이면 도토리는 참나무가 되고,
심기는 마음에 아무것도 없으면 도토리는 평생 도토리다.

「점」 (2024 10월호)

128

이 세계의 본질은, 매번 응답이다.
그러니까 좋은 안녕을 받고 싶다면, 먼저 좋은 안녕을 건네야 한다.

「응답」 (2024 10월호)

이 삶의 모든 게 그저 가위바위보 게임인 것 같다고 문득 생각한 적 있다. 왜 지고 왜 이겼는지. 이유를 알 수 없는 그런 확률 게임. 당신이 묵을 낼 때 나는 단지 보를 냈고, 찌를 내는 세상 앞에서 고작 보를 내서 졌을 뿐인 순간들. 아무도 모른다. 나도 모르듯 세상도 모른다. 이번엔 누가 이길지. 그렇게 생각하면 마음이 조금 가뿐해진다. 세상이라고 반드시 나를 이기는 건 아니라는 생각. 나라고 세상에 매번 지는 건 아니라는 생각. 언제나 확률은 공평하게 반반. 그러니까 미래로 갈수록 아무것도 제외하지 말아야 한다는 생각을 한다. 모든 미래의 가짓수에서, 나도 희망도 항상 제외하지 말아야겠다는 생각을.

「가위바위보」 (2024 10월호)

130

한 사람의 작은 중얼거림이 한 권의 책이 되는 일은 분명 행운이다. 어딘가에 딱 한 번 존재하는, 얼굴도 이름도 모르는 누군가의 귀한 세계를 새로 알게 되는 일도 분명 행운이다. 그냥 내 옆에서 열심히 살아가는 모두가 행운이다. 모든 불운을 아슬하게 피한 오늘 이 심심한 하루도, 실은 커다란 행운이다.

「행운」 (2024 10월호)

나는 뜨거움을 믿지 않는다.
누구나 뜨거워지는 여름에 속지 않는다.

끓는점이 지나치게 낮아도 무언가는 끓는다.
뜨겁다는 것은 나에게 전혀 마음의 증거가 되지 않고

마음은 여름을 지나 봐야 안다.

계속하는지 계속하지 않는지.
거기서부터가 진짜 마음이니까.

식어도 여전히 여름일 사람은,
꼭 처음 뜨거워 보는 사람처럼 여름을 시끄럽게 보내지 않는다.

높은 온도를 남발하지 않고, 자랑하지 않는다.
진짜 뜨거운 사람에게 뜨거운 일이란 그저 보통의 일일 테니까.

「여름 지나 마음」 (2024 8월호)

빛의 속도로 사는 사람들에게 묻는다.

무엇이 그렇게 빨라야 하나요.
지금이 빨라지면, 아침 햇살도 저녁노을도 더 빨라질 텐데.
젊음도 늙음도, 행복도 이별도, 계절도 삶도 다 빨라질 텐데.

그럼 종료는 빛의 속도로 올 텐데.
당신은 이른 종료만을 원하는 건가요.
이 우주에서 고작.

「천천히 아주 천천히」 (2024 8월호)

천국에도 고통이 따른다.

천국에 도착하려고 계단을 오르는 자는 영원히 그곳에 도착할 수 없다.

천국은 꼭대기가 아닌, 계단의 모습으로 우리에게 도착하기 때문이다.

헌 숨을 뱉고, 새 숨을 쉬는 시간.

계속 움직일 수밖에 없는 지금.

어제보다 오늘 더 많이 오르고 숨이 찬 만큼,

내일은 훨씬 더 수월해질 이 시간.

그게 지금 우리의 발아래에 도착하고 있는 천국이다.

낙원을 향한 걸음이 아니라, 지옥을 탈출하는 계단.

「천국의 계단」 (2024 4월호)

공터의 즐거움은 늘 어린아이들이 제일 먼저 발견한다.
현실을 믿지 않고, 마음의 힘으로 세상을 보는 존재들.

어린아이들을 보면, 그 귀여운 아이들을 만지면
꼭 미래와 접촉하는 기분이 든다.

겉으로는 살짝 건드리기만 해도, 크게 망가질 것처럼 연약해 보이지만
실은 이들이 세상에서 가장 힘이 센 존재들이라고 자주 확신한다.

이 세상을 구부러뜨리고 휘어지게 할 힘은
모두 저 작고 부드러운 손안에 들어 있다고.

세상의 모든 공터를 쓸모없는 여백으로 보지 않는 마음에,
모든 힘이 들어 있다고.

「공터」 (2024 11월호)

행운은 작고 조용하게
ⓒ한 장의 페리, 2025

1판 1쇄 발행일 2025년 7월 25일

지은이 한 장의 페리
펴낸이 송유선
디자인 형태와내용사이

펴낸곳 리틀프레스
출판등록 제2019-000142호
주소 서울특별시 마포구 새창로 11(도화동) 13층 15호
이메일 little_press@naver.com
팩스 02-6499-4524

ISBN 979-11-993273-0-6 03810

· 잘못된 책은 구입하신 곳에서 바꿔 드립니다.
· 이 책의 내용 일부 또는 전부를 재사용하려면 반드시 사전에 저작권자와 리틀프레스의 동의를 얻어야 합니다.